Autodesk® AutoCAD® 2018

Grundlagen in Theorie und Praxis

**Viele praktische Übungen am Beispiel
„Digitale Fabrikplanung"**

Christian Schlieder

Autodesk® AutoCAD® 2018

Grundlagen in Theorie und Praxis

Viele praktische Übungen am Planbeispiel
„Digitale Fabrikplanung"

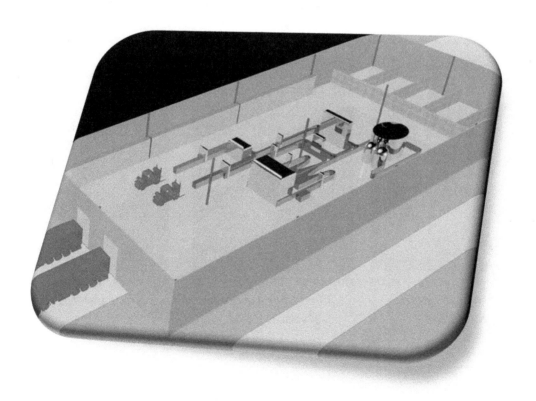

Weiterführende Literatur

Autodesk® Inventor® 2018
Grundlagen in
Theorie und Praxis

Autodesk® Inventor® 2018
Dynamische Simulation
und Belastungsanalyse

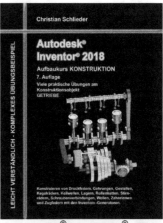

Autodesk® Inventor® 2018
Aufbaukurs
Konstruktion

Autodesk® Inventor® 2018
Einsteiger-Tutorial
Hybridjacht

Autodesk® Inventor® 2018
Einsteiger-Tutorial
Hubschrauber

Autodesk® Inventor® 2018
Einsteiger-Tutorial
Holzrückmaschine

http://www.cad-trainings.de/html/Literatur.html

ISBN
_____

978-3-7448-0908-5

IMPRESSUM
_____

Dipl.- Ing. Christian Schlieder
www.cad-trainings.de
Fax: +49 (0) 3212 - 1122290

HERSTELLUNG UND VERLAG
_____

BoD - Books on Demand, Norderstedt
www.BoD.de

INHALTSVERZEICHNIS

1 Einleitung

1.1 Zielsetzung

Dieses Buch richtet sich an alle interessierten Personen jeglicher fachlicher Bereiche. Es ist logisch aufgebaut und versucht, dem Leser anhand eines komplexen Übungsbeispiels das Programm **Autodesk® AutoCAD® 2018** näherzubringen. In kleinen Abschnitten lernt der Leser verschiedene Vorgehensweisen und Befehle kennen und festigt sie mit praktischen Übungen.

Sobald die benötigten Übungsdateien von der Website heruntergeladen und gespeichert wurden, werden die Randbedingungen des Übungsbeispiels erläutert: Die Programmgrundlagen (Programmoberfläche, Hauptmenü, Menüleiste, Werkzeugkästen, Multifunktionsleisten, Protokoll- und Befehlseingabebereich, Modell- und Layoutbereich) werden dargestellt, und das Projekt wird abschließend in den druckfähigen Papierbereich übertragen.

Die Arbeitsweise findet analog zum Programmaufbau statt. Die Befehle werden den einzelnen Registern und Befehlsgruppen zugeordnet, deren Bedeutung und Eigenschaften erläutert und anschließend praktisch ins Übungsprojekt übertragen. Nach Fertigstellung des 2D-Modells wird das Projekt für den Druck aufbereitet (Layoutbereich).

Im letzten Teil des Buches sollen die Möglichkeiten der Modellierung im plastischen Bereich aufgezeigt werden. Die Zeichnungsdaten aus dem 2D-Bereich werden mit Hilfe verschiedener Befehle aus dem 3D-Bereich in Volumenkörper konvertiert.

1.2 Übungsordner und Übungsdateien
1.2.1 Erzeugen Sie auf Ihrem PC einen Übungsordner

AutoCAD ... -
Übung
Fabrikplanung

Um die Übungen in diesem Buch durchführen zu können, benötigen Sie vorgefertigte Übungsdateien, welche Sie kostenlos von der Website des Autors herunterladen können.

Vorher sollten Sie auf Ihrem PC an geeigneter Stelle einen neuen Ordner mit der Bezeichnung **AutoCAD 2018 – Übung Fabrikplanung** erstellen. Dieser Ordner wird als Projektordner dienen.

1.2.2 Download der zum Buch gehörenden Übungsdateien

Um die Übungen aus diesem Buch durchführen zu können, benötigen Sie Übungsdateien, die Sie von der folgenden Website kostenlos herunterladen können.

http://www.cad-trainings.de

Wählen Sie im Register *Download* das entsprechende Buch und klicken Sie auf den rechts daneben stehenden Link *Download der Übungsdateien*.

Speichern Sie die Datei im Projektordner *AutoCAD 2018 – Übung Fabrikplanung* und entpacken Sie sie darin. Es handelt sich um eine ZIP-Datei, die mit dem kostenlosen Programm *WINZIP* entpackt werden kann. Den Link zu diesem Programm finden Sie ebenfalls auf der Website des Autors (Register *Download*, oben).

Der neu entpackte Ordner enthält verschiedene Dateien, die in den folgenden Übungen verwendet werden sollen.

1.2.3 Verwendete Abkürzungen

In diesem Buch werden die folgenden Abkürzungen verwendet:

- *BG*   Befehlsgruppe
- *BM*   Betriebsmittel
- *ENTF* Entfernen-Taste
- *ESC*   Escape-Taste
- *ggf.*   gegebenenfalls
- *TAB*   Tabulator-Taste

- *TM*   Transportmittel
- *UZS*   Uhrzeigersinn
- *WA*   Warenausgang
- *WE*   Wareneingang
- *z. B.*   zum Beispiel

2 Randbedingungen definieren

2.1 Randbedingungen des Planungsbeispiels

Grundlegend sind bei der Planung einer Produktionsanlage die folgenden Randbedingungen zu beachten:

- Produktbeschaffenheit
- Benötigte Betriebsmittel
- Benötigte Transportmittel
- Lagerbereiche
- Sozialtrakt für die Mitarbeiter
- Hallenaufbau
- Außenbereich (Grundstück)

- Qualitätssicherungsmaßnahmen
- Material- und Personalfluss
- Energie- und Informationsfluss
- Kosten- und Personalanalyse
- Anforderungen an den Standort
- Gesetzliche Bestimmungen

Die Fabrikplanung im vorliegenden Übungsbeispiel wird sich auf die zeichnerische Umsetzung mit dem Programm **Autodesk® AutoCAD® 2018** beschränken. Eine Betrachtung der Qualitätssicherung, der Material-, Personal-, Energie- und Informationsflüsse sowie der Kosten- und Personalanalyse ist nicht notwendig. Lediglich die folgenden Bereiche sind von Bedeutung:

- Produktbeschaffenheit
- Benötigte Betriebsmittel
- Benötigte Transportmittel
- Lagerbereiche

- Sozialtrakt für die Mitarbeiter
- Hallenaufbau
- Außenbereich (Grundstück)

2.2 Produktbetrachtung

Das eigentliche Produkt des Planungsbeispiels ist reines Quellwasser, was aus einer naheliegenden Quelle zum Fabrikgelände gepumpt und dort in Glasflaschen abgefüllt werden soll. Diese werden in Kunststoffkästen gesetzt und anschließend auf Europaletten gestapelt. Leere Flaschen in Kästen werden als Leergut auf Europaletten angeliefert und müssen vor der Wiederbefüllung gereinigt werden.

2.2.1   Quellwasser

Abmessungen: • Keine

Anlieferung: • Wasser wird zum Fabrikgelände gepumpt

Bearbeitung: • Quellwasser in Wasserspeicher zwischenlagern

2.2.2   Glasflaschen

Abmessungen: • Durchmesser x Höhe: 100 x 300 mm

Anlieferung:
- Flaschen befinden sich in Kunststoffkästen
- Schraubverschlüsse wurden bereits entfernt
- Flaschen verschmutzt (innen und außen)

Bearbeitung:
- Flaschen aus Kästen heben
- Flaschen auf gefährliche Verunreinigungen (Gifte), enthaltene Fest- stoffe und Beschädigungen prüfen, ggf. aussortieren
- Flaschen reinigen (Laugenbad mit anschließender Wasserspülung)
- Flaschen erneut prüfen
- Flaschen füllen, verschließen und etikettieren
- Flaschen zwischenspeichern

2.2.3   Kunststoffkästen

Abmessungen: • Länge x Breite x Höhe: 400 x 300 x 320 mm

Anlieferung:
- Kästen verschmutzt
- Kästen befinden sich auf Europalette

Bearbeitung:
- Kästen von Paletten heben
- Flaschen aus Kästen heben
- Kästen reinigen
- Kästen zwischenspeichern

2.2.4 Paletten

Abmessungen: • Länge x Breite x Höhe: 1200 x 800 x 144 mm

Anlieferung: • Paletten mit Leergut werden auf LKW angeliefert

Bearbeitung: • Kästen und Flaschen von Palette heben
                • Paletten zwischenspeichern

2.3 Einteilung der Bereiche

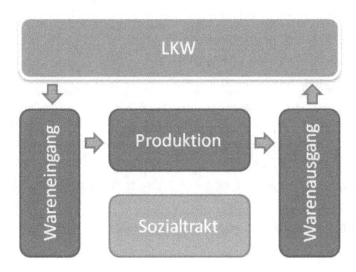

Grundlegend verläuft der Materialfluss vom LKW über den Wareneingang im Lager, die Produktion, den Warenausgang im Lager und wieder zurück zum LKW.

Maßgeblich für die Planung der notwendigen Größe der Fabrikhalle ist die Produktionslinie. Sie bestimmt neben der benötigten Hallengröße auch die Anordnung der einzelnen Bereiche innerhalb der Halle.

2.4 Betriebsmittel
2.4.1 Maschinen und Anlagen der Produktionslinie

Der Produktionsbereich wird Form und Aufbau der Fabrikhalle und des Außengeländes bestimmen. Aufbau, Größe und Form der Produktionslinie werden durch die erforderlichen Betriebsmittel beeinflusst. Eine Produktionsanlage benötigt an Betriebsmitteln: Anlagen, Maschinen und sonstige Geräte.

Da sich dieses Übungsbuch allein auf die zeichnerische Umsetzung der Fabrikplanung konzentriert, sollten die folgenden Betriebsmittel betrachtet werden:

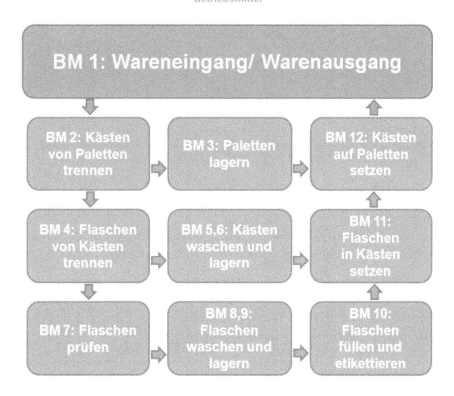

BM 1: Wareneingang/ Warenausgang

- BM 2: Kästen von Paletten trennen
- BM 3: Paletten lagern
- BM 12: Kästen auf Paletten setzen
- BM 4: Flaschen von Kästen trennen
- BM 5,6: Kästen waschen und lagern
- BM 11: Flaschen in Kästen setzen
- BM 7: Flaschen prüfen
- BM 8,9: Flaschen waschen und lagern
- BM 10: Flaschen füllen und etikettieren

- **BM 1**: Transport der Paletten (LKW ↔ Lager ↔ Produktionslinie)
- **BM 2**: Kästen (gefüllt) von Paletten trennen
- **BM 3**: Paletten zwischenlagern
- **BM 4**: Flaschen von Kästen trennen
- **BM 5**: Kästen reinigen
- **BM 6**: Kästen zwischenlagern

- **BM 7**: Flaschen prüfen
- **BM 8**: Flaschen zwischenlagern
- **BM 9**: Flaschen reinigen
- **BM 10**: Flaschen füllen, schließen und etikettieren
- **BM 11**: Flaschen in Kästen setzen
- **BM 12**: Kästen (gefüllt) auf Paletten heben

BM 1: Transport der Paletten (LKW ↔ Lager ↔ Produktionslinie)

Be- und Entladen des LKWs durch einen handelsüblichen Gabelstapler. Der LKW wird entladen, das Leergut ins Lager bzw. direkt zur Produktionslinie gebracht, wobei die Paletten vom Stapler direkt auf die Transportbänder gesetzt werden. Im Lagerbereich stehen Regalsysteme zur Aufnahme von Paletten und Leergut zur Verfügung.

BM 2: Kästen und Flaschen von Paletten trennen

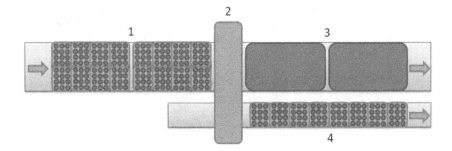

1. Paletten mit Leergut (auf Rollenband)
2. Roboter hebt Kästen (gefüllt) von Palette
3. Leere Paletten (auf Rollenband)
4. Kästen (gefüllt)

Die Paletten samt Leergut werden auf einem Rollenband (1) zum **BM 2** transportiert. Hier hebt ein Roboter (2) die Kästen einzeln von der Palette und setzt sie auf das Kastentransportband (4).

BM 3: Paletten zwischenlagern

Die leeren Paletten fahren weiter auf dem Rollenband in einen Palettenspeicher (**BM 3**). Dieser stapelt die Paletten übereinander und gibt sie bei Bedarf wieder ins System zurück.

BM 4: Flaschen von Kästen trennen

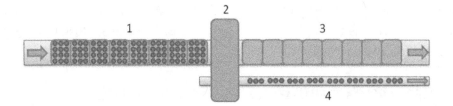

1. Kästen (gefüllt)
2. Roboter hebt Flaschen aus Kästen
3. Kästen (leer)
4. Flaschen

Die Kästen (gefüllt) werden auf Transportbändern (1) zum **BM 4** transportiert. Hier hebt ein Roboter (2) die Flaschen (drei Flaschen je Hub) aus dem Kasten und setzt sie auf das Flaschentransportband (4). Die leeren Kästen fahren weiter auf dem Kastentransportband in Richtung Kastenwaschmaschine (3).

BM 5: Kästen reinigen

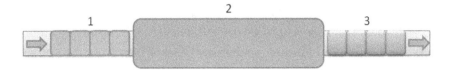

1. Kästen (ungereinigt)
2. Kastenwaschmaschine

3. Kästen (gereinigt)

Die Kästen werden auf dem Kastentransportband angeliefert und fahren durch eine Kastenwaschmaschine (**BM 5**). Bei langsamer Fahrt werden diese darin gewaschen.

BM 6: Kästen zwischenlagern

Die leeren, gereinigten Kästen fahren weiter auf dem Kastentransportband in einen Kastenspeicher (**BM 6**). Dieser stapelt die Kästen aufeinander und gibt sie bei Bedarf wieder ins System zurück.

BM 7: Flaschen prüfen

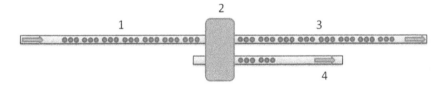

1. Flaschen vor Prüfung
2. Flaschenprüfmaschine

3. Flaschen nach Prüfung
4. Aussortierte Flaschen

Die Flaschen werden auf Transportbändern (1) zum **BM 7** transportiert. Hier werden Sie mit einer Flaschenprüfmaschine (2) auf Beschädigungen, gefährliche Inhaltsstoffe und Festkörper untersucht. Betroffene Flaschen werden aussortiert (4), alle anderen weitertransportiert (3). Das Prüfen der Flaschen erfolgt jeweils vor und nach der Flaschenreinigung, wofür zwei identische Maschinen vorgesehen sind.

BM 8: Flaschen zwischenlagern

Die Flaschen werden auf Transportbändern zu einem Speichertisch (**BM 8**) transportiert. Dieser verbreitert den Transportweg, ordnet die Flaschen nebeneinander an und kann dadurch eine große Anzahl an Flaschen speichern. Defekte Flaschen, die vorher aussortiert wurden, können hier durch neue ersetzt werden. Das gesamte System verfügt über insgesamt zwei Speichertische, einen vor und einen nach der Flaschenreinigung.

BM 9: Flaschen reinigen

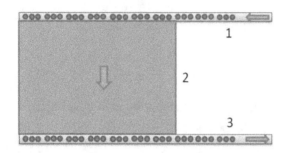

1. Flaschen vor Reinigung
2. Flaschenwaschmaschine
3. Flaschen nach Reinigung

Die Flaschen werden auf Transportbändern angeliefert (1) und in die Flaschenwaschmaschine (**BM 9**) transportiert (2). Dort werden die Flaschen in mehreren aufeinanderfolgenden Lauge- und Wasserbädern gereinigt. Die sauberen Flaschen verlassen die Waschmaschine auf einem Transportband (3).

BM 10: Flaschen füllen, schließen, etikettieren

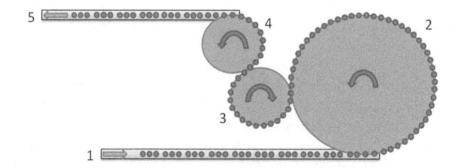

1. Zufuhr der gereinigten Flaschen
2. Flaschen mit Quellwasser füllen (Füller)
3. Flaschen verschließen (Schließer)
4. Flaschen etikettieren (Etikettierer)
5. Abtransport der Flaschen

Die Flaschen werden auf Transportbändern angeliefert (1), von einer Greifvorrichtung erfasst und in den Füller gehoben. Hier werden sie mit Quellwasser gefüllt, anschließend verschlossen und etikettiert. Die gesamte Einheit besteht aus Füller (2), Schließer (3) und Etikettierer (4) und ist ein zusammenhängendes Aggregat (**BM 10**). Die Flaschen werden danach wieder auf Transportbänder gesetzt und abtransportiert (5).

BM 11: Flaschen in Kästen setzen

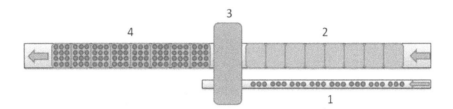

1. Flaschen (einzeln)
2. Kästen (leer)
3. Roboter hebt Flaschen in Kästen
4. Kästen (gefüllt)

Flaschen (1) und Kästen (2) werden auf den jeweiligen Transportbändern zum **BM 11** transportiert. Hier greift ein Roboter (3) die Flaschen und setzt sie (drei je Hub) in die Kästen.

BM 12: Kästen (gefüllt) auf Paletten heben

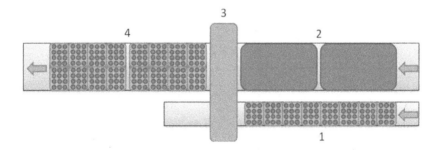

1. Kästen (gefüllt)
2. Paletten (leer)
3. Roboter hebt Kästen auf Paletten
4. Paletten mit Kästen (gefüllt)

Kästen (1) und Paletten (2) werden auf den jeweiligen Transportbändern zum **BM 12** transportiert. Hier greift ein Roboter (3) die Kästen und setzt sie (ein Kasten je Hub) auf eine Palette.

2.4.2 Lagerbereiche

Die benötigten Lagerbereiche ergeben sich aus den Anforderungen der Produktionslinie.

Leergut:

Das Leergut (gefüllte Kästen auf Paletten) muss zwischen der Entladung der LKWs und der Beladung der Produktionslinie zwischengelagert werden. Hierfür werden Regalsysteme mit entsprechender Lagerkapazität benötigt.

Ersatzmaterial:

Beschädigte Paletten, Kästen und Flaschen müssen ersetzt werden. Die Lagerung der hierfür benötigten Ersatzmaterialien erfolgt in Regalsystemen im Lagerbereich.

Quellwasser:

Das Quellwasser wird von der Quelle zum Fabrikgelände gepumpt. Dort soll es in zwei großen Tanks zwischengelagert werden, um eine Qualitätsüberwachung und einen reibungslosen Produktionsablauf zu gewährleisten. Beide Tanks werden außerhalb der Produktionshalle angeordnet.

Pufferspeicher für Paletten, Kästen und Flaschen:

Eine Produktionslinie benötigt aufgrund der unterschiedlichen Arbeitsgeschwindigkeiten der enthaltenen Betriebsmittel verschiedene Zwischenspeicher (Puffer). Sie sollen Störungen in der Produktion ausgleichen und einen konstanten Produktionsablauf gewährleisten. Paletten und Kästen werden platzsparend aufeinandergestapelt, Flaschen auf Speichertischen nebeneinander angeordnet.

2.4.3 Sozialtrakt

Der Sozialtrakt kann in einem Komplex zusammengefasst und innerhalb der Fabrikhalle angeordnet werden. Die folgenden Bereiche werden benötigt:

- Prüf- und Kontrollbereich
- Büro- und Sanitärbereich
- Umkleide- und Aufenthaltsbereich
- Technik

2.4.4 Gesamtbedarf für das Fabrikgelände

Der gesamte Platzbedarf für das Fabrikgelände wird durch die folgenden Bereiche definiert:

- Fabrikhalle (Produktion, Sozialtrakt)
- Straßen/ Parkplätze (LKW und PKW)
- Lagerbereiche (Regalsysteme, Wassertanks)

Das nächste Kapitel soll einen kurzen Einblick in den Programmaufbau und die Benutzeroberfläche von **Autodesk® AutoCAD® 2018** bieten.

HINWEIS: Sollten Sie das Programm noch nicht gestartet haben, holen Sie dies jetzt bitte nach.

3   Grundlagen zum Programm Autodesk® AutoCAD® 2018

3.1   Startbildschirm

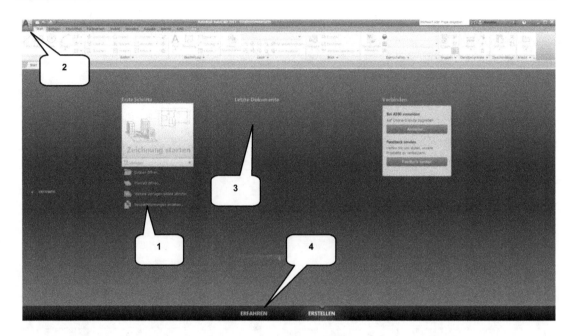

Nachdem das Programm gestartet wurde, erscheint die oben dargestellte Benutzeroberfläche. Hier können im Bereich **Erste Schritte** (1) vorhandene Dateien geöffnet, neue Dateien erstellt oder Beispielzeichnungen geöffnet werden. Diese Optionen finden sich auch im **Hauptmenü** (2) wieder. Weiterhin können die **zuletzt verwendeten Dokumente** (3) geöffnet oder im Register **Erfahren** (4) Lern- und Übungsvideos gestartet werden.

3.2   Neue Funktionen, Lerntipps und Lernvideos

In der Befehlsgruppe **Erfahren** können Sie sich die Unterschiede der aktuellen zur vorherigen **Version** des Programms (1) darstellen lassen, **Lernvideos** starten (2) oder auf diverse **Lerntipps** (3) und **Online-Ressourcen** (4) zugreifen.

3.3 Erstellen einer neuen Datei aus einer vorhandenen Vorlage

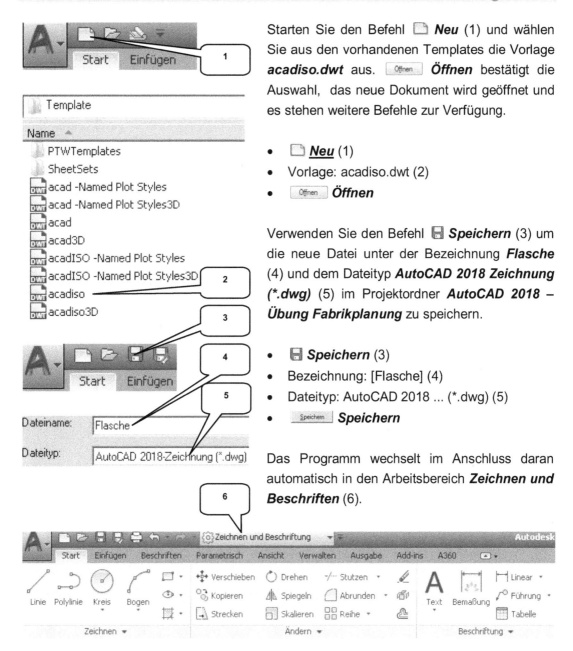

Starten Sie den Befehl 🗋 **Neu** (1) und wählen Sie aus den vorhandenen Templates die Vorlage **acadiso.dwt** aus. [Öffnen] **Öffnen** bestätigt die Auswahl, das neue Dokument wird geöffnet und es stehen weitere Befehle zur Verfügung.

- 🗋 **Neu** (1)
- Vorlage: acadiso.dwt (2)
- [Öffnen] **Öffnen**

Verwenden Sie den Befehl 🖫 **Speichern** (3) um die neue Datei unter der Bezeichnung **Flasche** (4) und dem Dateityp **AutoCAD 2018 Zeichnung (*.dwg)** (5) im Projektordner **AutoCAD 2018 – Übung Fabrikplanung** zu speichern.

- 🖫 **Speichern** (3)
- Bezeichnung: [Flasche] (4)
- Dateityp: AutoCAD 2018 ... (*.dwg) (5)
- [Speichern] **Speichern**

Das Programm wechselt im Anschluss daran automatisch in den Arbeitsbereich **Zeichnen und Beschriften** (6).

HINWEIS: Wenn in diesem Buch rechteckige Klammern verwendet werden, bedeutet das eine Tastatureingabe im Programm. Tragen Sie dann bitte nur den in Klammern stehenden Wert ein (ohne die Klammern selbst).

3.4 Benutzeroberfläche

Die Benutzeroberfläche kann in folgende Bereiche eingeteilt werden:

Hauptmenü   Schnellzugriff-Werkzeugkasten   Registerkarten   Befehlsgruppen

Modell-/ Papierbereich   Protokoll-/ Befehlseingabebereich   Unterer Werkzeugkasten

3.4.1 Schnellzugriff-Werkzeugkasten

Der **Schnellzugriff-Werkzeugkasten** enthält eine begrenzte Auswahl häufig verwendeter Befehle. Sein Inhalt kann über den ▼ **Bearbeiten-Button** (1) konfiguriert werden. Um Befehle ein- oder auszublenden, muss der entsprechende Haken gesetzt oder entfernt werden.

Im rechten Bereich der oberen Befehlsleiste kann in der Programmhilfe nach **Stichwörtern** oder **Befehlen gesucht** (2), die **Programmhilfe** gestartet (3) oder diverse **Apps** aktiviert werden (4). Neben der Möglichkeit, die Programmhilfe online zu verwenden, kann diese auch komplett aus dem Internet heruntergeladen werden. Hierfür muss auf das kleine Dreieck neben dem ⑦ (3) geklickt werden, um darin die Option **Offline-Hilfe herunterladen** zu aktivieren. Die Programmhilfe kann danach auch ohne Internetverbindung genutzt werden.

3.4.2 Registerkarten und Befehlsgruppen

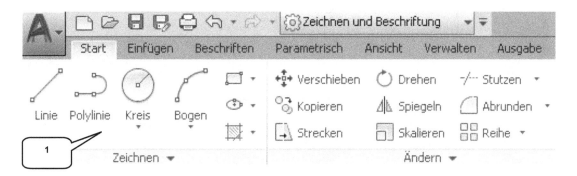

Jede **Registerkarte** (z. B. **Start**, **Einfügen**, **Beschriften**...) beinhaltet verschiedene **Befehlsgruppen** (z. B. **Zeichnen**, **Ändern**, **Beschriftung**...), in denen diverse Befehle nach logischen Kriterien geordnet zusammengefasst wurden.

Registerkarten und Befehlsgruppen können beliebig ein- oder ausgeblendet werden, indem mit der rechten Maustaste auf einen beliebigen Punkt im Bereich der Befehlsgruppen geklickt (1) und im Kontextmenü die Option **Registerkarten anzeigen** oder die Option **Gruppen anzeigen** gewählt wird.

Das Programm wird danach alle vorhandenen Registerkarten bzw. Befehlsgruppen auflisten, welche dann aktiviert oder deaktiviert werden können.

3.4.3 Protokoll- und Befehlseingabefenster

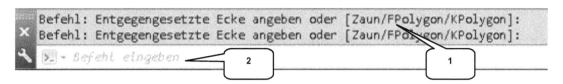

Protokoll- und Befehlseingabefenster befinden sich standardmäßig im unteren Bereich des Programms. Das **Protokoll** (1) zeigt eine Übersicht der zuletzt verwendeten Befehle oder Eingabeoptionen. Im **Befehlseingabebereich** (2) können die zuletzt verwendeten Befehle erneut aufgerufen werden, Befehlsoptionen werden hier bestimmt (durch eine interaktive Gestaltung des Befehlsbereiches können diese dann auch mit der linken Maustaste angeklickt werden) und Werte sowie Tastaturbefehle können per Tastatur eingetragen werden.

3.4.4 Modell- und Papierbereich

Modellbereich

Der **Modellbereich** (1) ist der eigentliche Konstruktions- und Zeichenbereich. Darin werden alle Objekte gezeichnet, bevor Sie in dem Papierbereich übertragen werden. Im Modellbereich gibt es die folgenden beiden Navigationswerkzeuge:

Der **ViewCube** (2) richtet die Ansicht im Modellbereich aus. Aktivieren Sie eine der Seiten des Würfels (Oben, Unten, Rechts, Links, Hinten, Vorne) oder drehen Sie den Würfel, indem Sie die Maus mit gedrückter linker Maustaste auf den Würfel bewegen (alternativ: **Taste: SHIFT +** mittlere Maustaste). Mit einem Klick auf das kleine **Haus** (3) wird eine isometrische Ansicht eingestellt. Ein- und Ausschalten können Sie den ViewCube im Register **Ansicht > Fenster > Benutzeroberfläche**.

Die **Navigationsleiste** (4) beinhaltet eine Auswahl an Navigationswerkzeugen (Navigationsräder, Pan, Zoomfunktionen, Orbit-Versionen, ShowMotion). Ihre Befehle dienen grundsätzlich dazu, den gesamten Modellbereich z. B. verschieben, zoomen oder animieren zu können.

Papierbereich

Im **Papierbereich** werden die Zeichenelemente aus dem Modellbereich auf einen Ausdruck vorbereitet und zusätzliche Informationen wie Bemaßungen oder Hinweise können nachträglich ergänzt werden. Vom Modellbereich kann in den **Papierbereich** gewechselt werden, wenn entweder auf den Button **Modell** (5) in der unteren Befehlsleiste geklickt, oder eines der vorhandenen **Layouts** (6) im unteren linken Bereich des Programms aktiviert wird.

4 Fabrikplanung im 2D-Modellbereich

4.1 Optimieren einiger Programmeinstellungen

Nachdem eine neue Zeichnung erstellt wurde, sollten einige Grundeinstellungen überprüft werden. Dieser Schritt ist hilfreich, um die einzelnen Aufgaben besser umsetzen zu können.

Im unteren Bereich des Programms befinden sich die **Fang- und Anzeigeoptionen**. Diese sollten im Folgenden überprüft werden, um Unstimmigkeiten zwischen der theoretischen Beschreibung der Vorgehensweise im Buch und der praktischen Umsetzung zu vermeiden. Bitte prüfen Sie also, ob die folgenden Optionen aktiviert (Button blau hinterlegt) sind und deaktivieren Sie die restlichen Optionen (grau hinterlegt) durch einen jeweiligen Klick mit der linken Maustaste darauf.

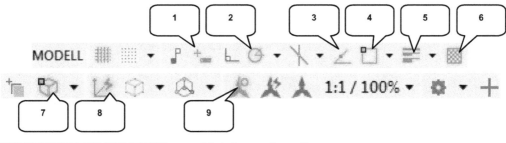

✔ ⟋ Endpunkt

✔ ⟋ Mittelpunkt

✔ ⊙ Zentrum

✔ ⊡ Geometrisches Zentrum

✔ ° Punkt

✔ ◇ Quadrant

✔ ✕ Schnittpunkt

✔ ---- Hilfslinie

✔ ⌧ Einfügung

✔ ⊥ Lotrecht

✔ ○ Tangente

✔ ⟋ Nächster

✔ ⟋ Angenommener Schnittpunkt

✔ ∥ Parallel

Objektfang-Einstellungen...

Aktiviert sein sollten:

1) Dynamische Eingabe
2) Polare Spur
3) Objektfangspur
4) 2D-Objektfang
5) Linienstärken
6) Transparenz
7) 3D-Objektfang
8) Dynamisches BKS
9) Beschriftungsobjekte

Weiterhin sind die Einstellungen für den Objektfang zu kontrollieren. Hierfür ist mit der **rechten Maustas-te** auf den **2D-Objektfang** (4) zu klicken um alle darin enthaltenen Optionen (10) zu aktivieren.

4.2 Die Flaschen zeichnen
4.2.1 Der neue Layer: Flasche

Öffnen Sie im Register **Start** den 🗐 **Layereigenschaften-Manager**.

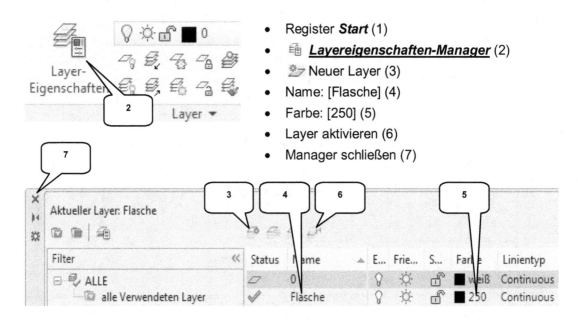

- Register **Start** (1)
- 🗐 **Layereigenschaften-Manager** (2)
- 🗐 Neuer Layer (3)
- Name: [Flasche] (4)
- Farbe: [250] (5)
- Layer aktivieren (6)
- Manager schließen (7)

Als erstes Zeichenelement soll ein einfacher Kreis mit einem Radius von 50 mm konstruiert werden: er soll eine Flasche in der Draufsicht darstellen. Kreismittelpunkt und Radius werden mit der Tastatur definiert. Mit der **Taste: TAB** wechseln Sie zwischen den Eingabebereichen der Koordinaten (X, Y).

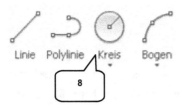

Linie   Polylinie   Kreis   Bogen

- ⊙ **Kreis (Mittelpunkt, Radius)** (8)
- Startpunkt definieren: [0]
- **Taste: TAB**
- [0] (9,10)
- **Taste: ENTER**
- Wert für Radius angeben: [50] (11)
- **Taste: ENTER**

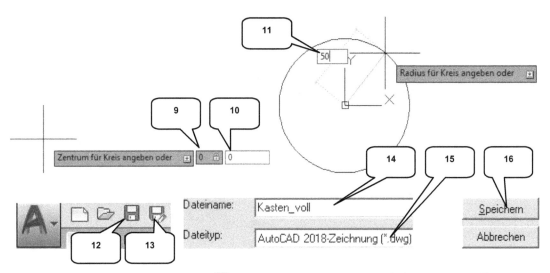

Die Zeichnung ist anschließend zu 🖪 *speichern*. Um eine zusätzliche Kopie der Zeichnung mit der Bezeichnung ***Kasten_voll*** zu erzeugen, ist anschließend der Befehl 🖫 ***Speichern unter*** zu verwenden.

- 🖪 ***Speichern*** (12)
- 🖫 ***Speichern unter*** (13)
- Dateiname: [Kasten_voll] (14)

- Dateityp: *.dwg (15)
- ⟨Speichern⟩ Speichern (16)

4.3   Die Flaschenkästen zeichnen
4.3.1   Der neue Layer: Flaschenkasten

Die neue Zeichnung (Kasten_Voll.dwg) ist im 🗐 ***Layereigenschaften-Manager*** um einen weiteren Layer (***Flaschenkasten***) zu ergänzen.

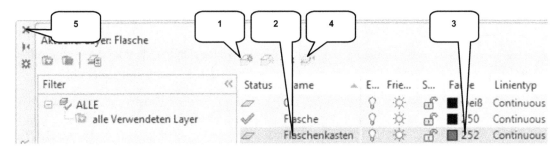

- 🗐 ***Layereigenschaften-Manager***
- ✏ Neuer Layer (1)
- Name: [Flaschenkasten] (2)

- Farbe: [252] (3)
- Layer aktivieren (4)
- Layereigenschaften schließen (5)

4.3.2 Den Kastenrahmen zeichnen

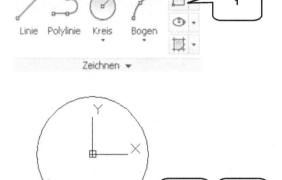

Der Flaschenkasten soll durch die Befehle ☐ **Rechteck** und ╱ **Linie** gezeichnet werden, wobei zuerst die Außenkontur des Flaschenkastens durch ein Rechteck zu konstruieren ist. Das kann entweder per Tastatureingabe von Punktkoordinaten/ Abmessungen oder durch ein freies Setzen der Punkte mittels linker Maustaste definiert werden.

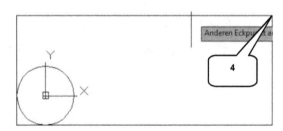

Verwenden Sie nach Möglichkeit die Option der Koordinateneingabe, da hierbei Position, Größe und Lage des Rechtecks bereits vorab definiert werden und somit keine nachträglichen Änderungen erforderlich sind. Das erste Wertepaar definiert die Position des Startpunktes, die restlichen Eingaben legen Länge und Breite des Rechtecks fest.

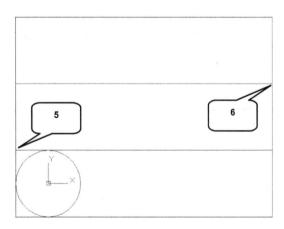

- ☐ **Rechteck** (1)
- Erster Punkt: [-50] > **Taste: TAB** > [-50] (2,3) > **Taste: ENTER**
- Zweiter Punkt (4): [400] > **Taste: TAB** > [300] > **Taste: ENTER**

Ein zweites Rechteck soll die drei Reihen des Flaschenkastens kennzeichnen.

- ☐ **Rechteck** (1)
- Erster Punkt (5): [-50] > **Taste: TAB** > [50] > **Taste: ENTER**
- Zweiter Punkt (6): [400] > **Taste: TAB** > [100] > **Taste: ENTER**

4.3.3 Die Innenwände zeichnen

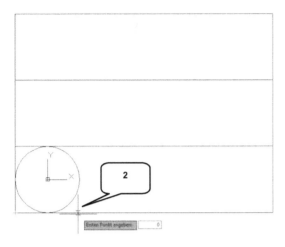

Linie   Polylinie   Kreis   Bogen

Drei zusätzliche ╱ **Linien** sollen die Spalten des Wasserkastens kennzeichnen. Linien können ebenfalls per Tastatureingabe oder durch ein freies Setzen der Punkte mit der linken Maustaste definiert werden. Die erste Linie soll gezeichnet, zwei weitere Linien durch Kopieren erzeugt werden.

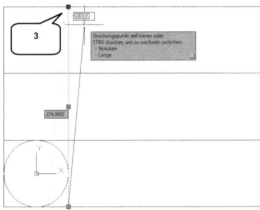

- ╱ **_Linie_** (1)
- Erster Punkt (2): [50] > **_Taste: TAB_** > [-50] > **_Taste: ENTER_**
- Zweiter Punkt (3): [300] > **_Taste: TAB_** > [90] > **_Taste: ENTER_**
- **_Taste: ESC_**

Die erste Linie soll jetzt zweimal ✂ **_kopiert_** werden.

Als

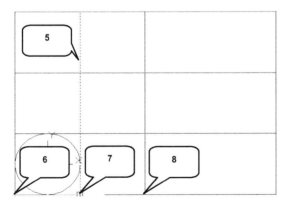

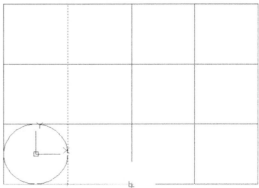

- 🔲 **_Kopieren_** (4)
- Linie wählen (5)
- **_Taste: ENTER_**
- Basispunkt wählen (6)

- Ersten Einfügepunkt wählen (7)
- Zweiten Einfügepunkt wählen (8)
- **_Taste: ESC_**

4.3.4 *Erzeugen weiterer Flaschen*

Der Kreis soll jetzt kopiert werden wobei die Kopien zeitgleich mit den korrekten Eigenschaften zu erzeugen sind. Daher muss vorab der passende **Layer** eingestellt werden.

- Erweitern: Layer-Auswahl (1)
- Layer: Flasche (2)

Das Kopieren und Anordnen der Kreise soll durch den Befehl ⊞ **_Reihe_** erreicht werden. Hier ist eine rechteckige Anordnung mit 4 Spalten und 3 Zeilen zu verwenden.

HINWEIS: *Achten Sie bei allen Arbeitsschritten auf die richtigen Layer-Einstellungen um Zeichenobjekte nicht ungewollt einem falschen Layer zuzuweisen.* **!**

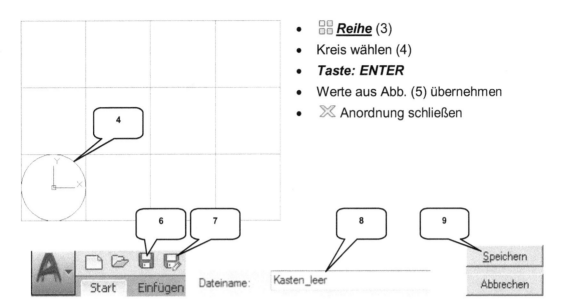

- ⊞ **_Reihe_** (3)
- Kreis wählen (4)
- **_Taste: ENTER_**
- Werte aus Abb. (5) übernehmen
- ✕ Anordnung schließen

Die Zeichnung kann jetzt 💾 **_gespeichert_** und eine Kopie der Zeichnung mit dem Befehl 💾 **_Speichern unter_** und der Bezeichnung **_Kasten_leer_** erzeugt werden.

- 💾 **_Speichern_** (6)
- 💾 **_Speichern unter_** (7)
- Dateiname: [Kasten_leer] (8)

- Dateityp: *.dwg
- Speichern Speichern (9)

Aktuell sollte die Datei **_Kasten_leer.dwg_** geöffnet sein, was zu überprüfen ist.

4.3.5 Löschen der Kreise und des zugehörigen Layers

Der gefüllte Wasserkasten soll jetzt als leerer Wasserkasten dargestellt werden, wofür ledig-lich die Kreise aus der Zeichnung gelöscht werden müssen. Dies könnte entweder manuell durch Anklicken und Löschen der Kreise passieren, oder mittels Befehl 🗑 **_Löschen_**: er entfernt neben den Kreisen auch noch den zugeordneten Layer.

Vorher muss allerdings ein anderer als der zu löschende Layer aktiviert werden, da aktive Layer nicht gelöscht werden können. Öffnen Sie in der Befehlsgruppe **_Layer_** das Auswahlmenü und aktivieren Sie den Layer **_Flaschenkasten_**.

- Layer **Flaschenkasten** aktivieren (1)
- Befehlsgruppe **Layer** erweitern (2)

- ✂ <u>**Löschen**</u> (3)
- Einen der Kreise im Zeichenbereich wählen
- **Taste: ENTER**
- Im Eingabefenster [Ja] eingeben (4)
- **Taste: ENTER**

- ⊟ <u>**Speichern**</u>
- Zeichnung schließen

4.4   Paletten zeichnen und Zeichnung speichern

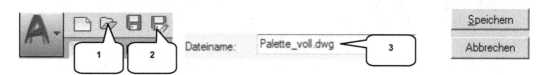

Eine neue Zeichnung soll eine Palette samt Kästen und Flaschen in der Draufsicht darstellen. **Öffnen** (1) Sie die Zeichnung **Kasten_voll.dwg** aus dem Projektordner und verwenden Sie den Befehl ⊟ **Speichern unter** (2), um eine Kopie der Zeichnung als **Palette_voll** (3) zu speichern.

4.4.1   Die vorhandenen Kästen rechteckig anordnen

Verwenden Sie den Befehl ⊞ **Reihe** um alle vorhandenen Flaschen und Kästen zu kopieren. Die Auswahl der zu kopierenden Elemente kann einzeln erfolgen, indem nacheinander mit der linken Maustaste auf die Elemente geklickt wird, oder mittels eines Rahmens. Hierfür muss bei gedrückter linker Maustaste ein Rahmen über den gesamten Kasten aufgezogen werden. Eine weitere Möglichkeit, alle Objekte in einer Zeichnung zu markieren ist die Tastenkombination **Taste: STRG** und **Taste: A**. Dabei werden sämtliche geometrische Elemente einer Zeichnung markiert.

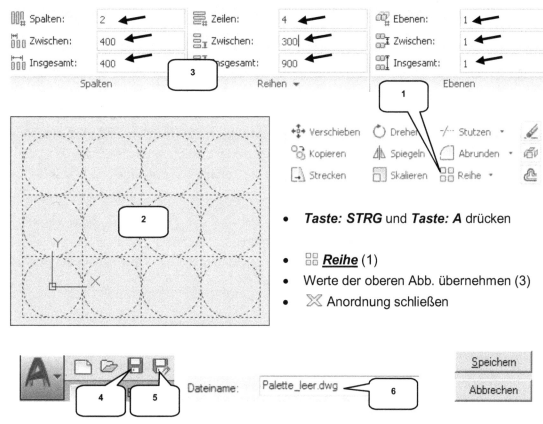

- **Taste: STRG** und **Taste: A** drücken

- ⊞ **Reihe** (1)
- Werte der oberen Abb. übernehmen (3)
- ✕ Anordnung schließen

⊟ **Speichern** (4) Sie die Zeichnung und verwenden Sie den Befehl ⊟ **Speichern unter** (6), um eine Kopie der Zeichnung mit der Bezeichnung **Palette_leer** (6) zu erzeugen.

4.4.2 Der neue Layer: Palette

In der neuen Zeichnung wird ein weiterer Layer benötigt. Starten Sie den 🖳 **Layereigenschaften-Manager** und erzeugen Sie den Layer **Palette**.

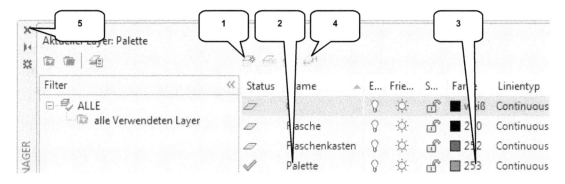

- 🗐 _**Layereigenschaften Manager**_
- 📑 Neuer Layer (1)
- Name: [Palette] (2)

- Farbe: [253] (3)
- Layer aktivieren (4)
- Layereigenschaften schließen (5)

4.4.3   Zeichnen der Palettenkonturen

Die Palette soll durch ein Rechteck und zwei diagonale, sich kreuzende Linien, symbolisiert werden. Verwenden Sie die Befehle 〰 _**Polylinie**_ und ╱ _**Linie**_.

Starten Sie den Befehl 〰 _**Polylinie**_ und verbinden Sie nacheinander die in der folgenden Abbildung markierten Eckpunkte. Beenden Sie den Befehl mit der Tastatureingabe [S]: sie bewirkt ein vollständige Schließung der Polylinie.

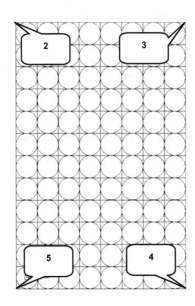

- 〰 _**Polylinie**_ (1)
- Startpunkt: Markierter Punkt (2)
- Nächster Punkt: Markierter Punkt (3)
- Nächster Punkt: Markierter Punkt (4)
- Nächster Punkt: Markierter Punkt (5)
- Tastatureingabe: [S]
- _**Taste: ENTER**_

Kästen und Flaschen können jetzt aus der Zeichnung gelöscht werden. Markieren Sie dafür einen der Kreise (<u>außer</u> der gerade erzeugten Polylinie) und drücken Sie die _**Taste: ENTF**_.

Das übriggebliebene Rechteck (Polylinie) soll um zwei Diagonalen ergänzt werden. Verwenden Sie dafür den Befehl ╱ _**Linie**_.

 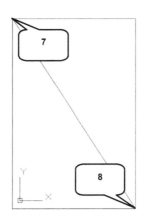 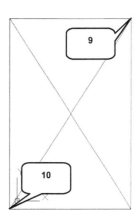

- ╱ **_Linie_** (6)
- Erster Punkt: Markierter Punkt (7)
- Zweiter Punkt: Markierter Punkt (8)
- **_Taste: ESC_**

- ╱ **_Linie_** (6)
- Erster Punkt: Markierter Punkt (9)
- Zweiter Punkt: Markierter Punkt (10)
- **_Taste: ESC_**

Die Datei kann anschließend 🖫 **_gespeichert_** und geschlossen werden.

4.5   Die Konstruktion der ersten Maschine
4.5.1   Erzeugen einer neuen Zeichnung

Starten Sie den Befehl 🗋 **_Neu_** und wählen Sie die Vorlage **_acadiso.dwt_**. 🖫 **_Speichern_** Sie die neue Zeichnung ebenfalls im Projektordner unter der Bezeichnung: **_01_02_Kästen_von_Paletten_heben_**.

- 🗋 **_Neu_** (1)
- Vorlage: acadiso.dwt
- [Öffnen]

- 🖫 **_Speichern_** (2)
- Dateiname:
  [01_02_Kästen_von_Paletten_heben] (3)
- Dateityp: *.dwg
- Speichern (4)

4.5.2 Der neue Layer: Kästen_von_Palette_heben

Starten Sie den 📑 **Layereigenschaften-Manager** und erstellen Sie einen neuen Layer mit der Bezeichnung **Kästen_von_Palette_heben** und mit folgenden Eigenschaften:

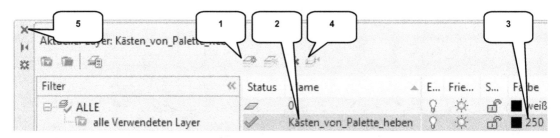

- 📑 **_Layereigenschaften-Manager_**
- ✳/ Neuer Layer (1)
- Name: [Kästen_von_Palette_heben] (2)
- Farbe: [250] (3)
- Layer aktivieren (4)
- Layereigenschaften schließen (5)

4.5.3 Zeichnen der Maschine

Verwenden Sie die Befehle ╱ **Linie**, ⟓ **Polylinie** und ▭ **Rechteck** um die folgende Zeichenkontur zu erzeugen (der Punkt **P0** kennzeichnet den Koordinatenursprung).

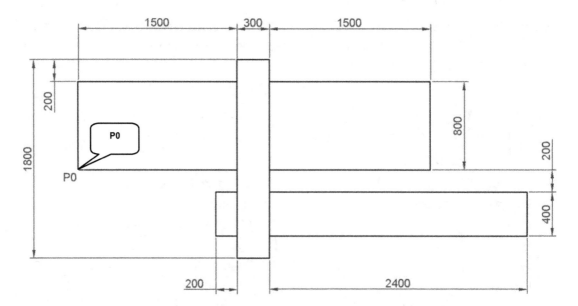

HINWEIS: _Wurde ein Punkt falsch positioniert, so kann per Texteingabe [Z] und der_ **Taste: ENTER** _ein Schritt zurückgesprungen werden, um den Fehler zu korrigieren._

4.5.4 Einfügen eines Blocks in die Zeichnung (Palette_Voll)

In der folgenden Übung soll die Zeichnung **Palette_Voll.dwg** als Block in die aktuelle Zeichnung importiert werden. Der Block ist mit linker Maustaste frei im Zeichenbereich (nahe der bereits gezeichneten Maschine) abzulegen.

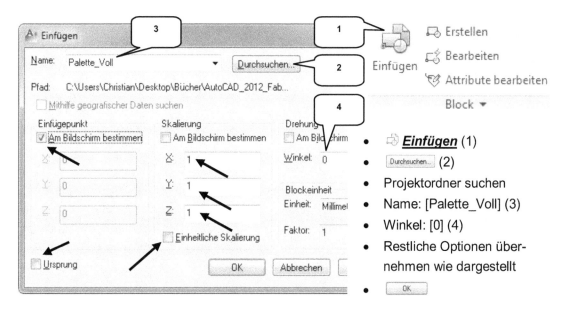

- 🗋 **Einfügen** (1)
- [Durchsuchen…] (2)
- Projektordner suchen
- Name: [Palette_Voll] (3)
- Winkel: [0] (4)
- Restliche Optionen übernehmen wie dargestellt
- [OK]

Die Palette kann jetzt nahe der bereits gezeichneten Maschine mit einem Klick der linken Maustaste abgelegt werden.

4.5.5 Verschieben der Palette

Zur Platzierung der Palette soll der Befehl ⊹ **Verschieben** verwendet werden. Start- und Endpunkt sind dabei manuell auszuwählen.

- ⊹ **Verschieben** (1)
- Palette wählen (2)
- **Taste: ENTER**
- Basispunkt wählen (3)
- Zielpunkt wählen (4)

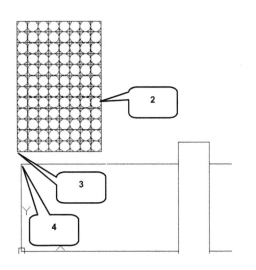
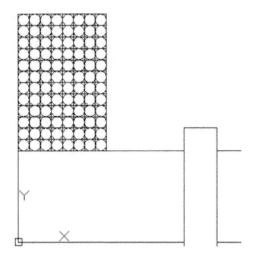

4.5.6   Die Palette um 90 Grad drehen

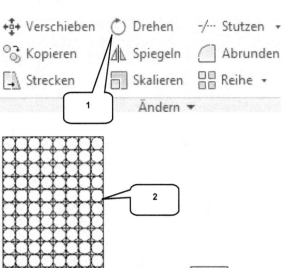

○ **Drehen** Sie die Palette um 90 Grad im UZS. Der Winkel kann entweder über eine Tastatureingabe festgelegt oder durch zwei Punkte definiert werden.

- ○ **_Drehen_** (1)
- Palette wählen (2)
- **_Taste: ENTER_**
- Ersten Punkt wählen (3)
- Zweiten Punkt wählen (4)

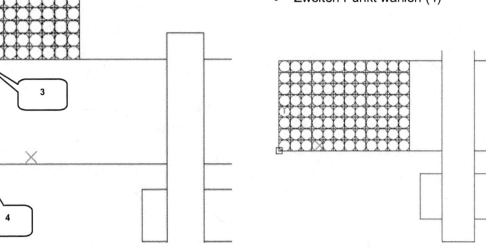

4.5.7 Einen weiteren Block in die Zeichnung einfügen (Palette_Leer)

Im folgenden Schritt ist der Block **Palette_Leer** in die Zeichnung einzufügen. Das Objekt soll während des Einfügens um 90 Grad gedreht werden.

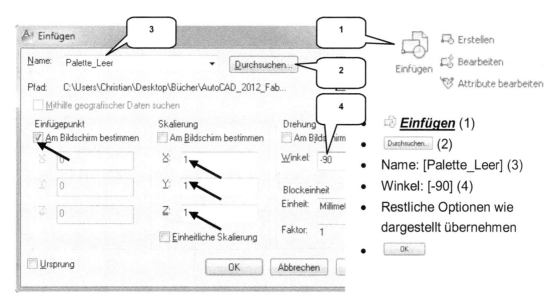

- 🖒 **Einfügen** (1)
- Durchsuchen... (2)
- Name: [Palette_Leer] (3)
- Winkel: [-90] (4)
- Restliche Optionen wie dargestellt übernehmen
- OK

Die leere Palette kann in der Nähe der bereits gezeichneten Maschine abgelegt werden.

4.5.8 Verschieben der Palette

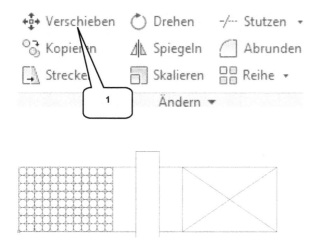

Nach der Drehung der Palette muss diese noch auf die Zielposition ⁺ᵢ⁺ **ver-schoben** werden.

- ⁺ᵢ⁺ **Verschieben** (1)
- Leere Palette wählen (2)
- **Taste: ENTER**
- Basispunkt wählen (3)
- Zielpunkt wählen (4)

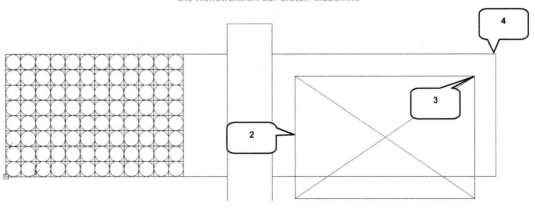

4.5.9 Einen weiteren Block in die Zeichnung einfügen (Kasten_Voll)

Fügen Sie den Block **Kasten_Voll** in die Zeichnung ein und positionieren Sie das Objekt.

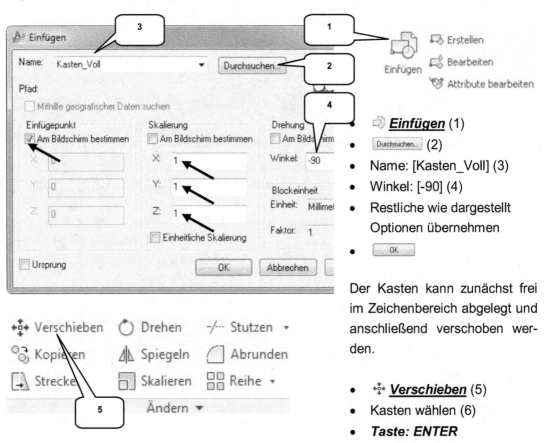

- **Einfügen** (1)
- Durchsuchen... (2)
- Name: [Kasten_Voll] (3)
- Winkel: [-90] (4)
- Restliche wie dargestellt Optionen übernehmen
- OK

Der Kasten kann zunächst frei im Zeichenbereich abgelegt und anschließend verschoben werden.

- **Verschieben** (5)
- Kasten wählen (6)
- **Taste: ENTER**
- Basispunkt wählen (7)
- Zielpunkt wählen (8)

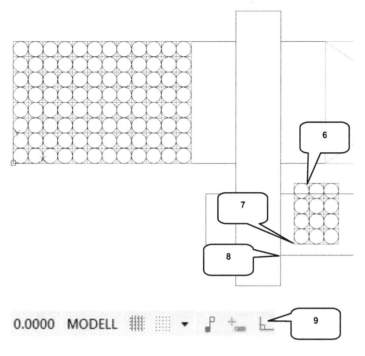

Jetzt muss das Objekt ein weiteres Mal 300 mm horizontal nach rechts verschoben werden, wofür der ∟ **Ortho-Modus** in der unteren Befehlsleiste temporär zu aktivieren ist.

- ∟ **Ortho-Modus** aktivieren (9)

- ⊹ *Verschieben* (5)
- Kasten wählen (6)
- **Taste: ENTER**
- Basispunkt wählen (8)
- Maus waagerecht nach rechts ziehen
- Wert: [300] eingeben
- **Taste: ENTER**

4.5.10 Kopieren eines Blocks (Kasten_Voll)

Der volle Kasten ist drei weitere Male zu ⅋ **kopieren**. Der jeweilige Abstand der Kästen zueinander soll 300 mm betragen.

- ⅋ *Kopieren* (1)
- Kasten markieren (2)
- **Taste: ENTER**
- Punkt (3) wählen

- Punkt (4) wählen
- Punkt (5) wählen
- Punkt (6) wählen
- **Taste: ESC**

- ∟ **Ortho-Modus** wieder deaktivieren (7)

0.0000 MODELL ▦ ⠿ ▾ ℗ ⁺ ∟ 7

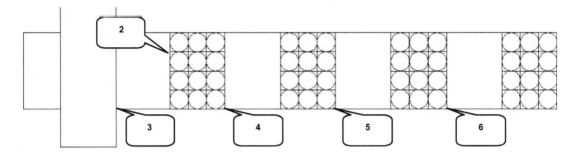

4.5.11 Markieren der Transportband-Laufrichtung

Richtungspfeile sollen die Laufrichtung der Transportbänder symbolisieren. Der Block *Pfeil* ist zu importieren und mehrfach zu kopieren.

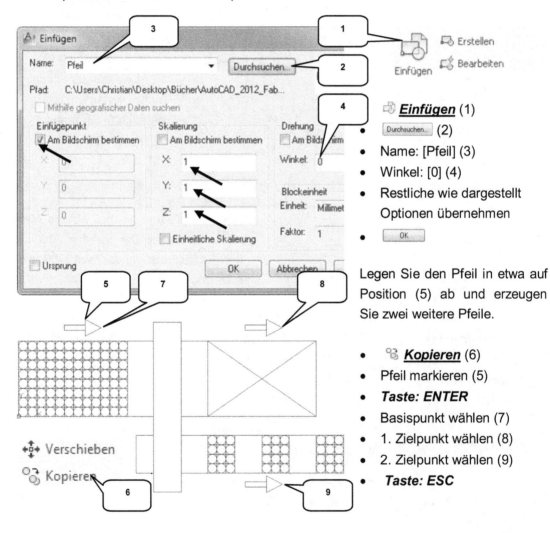

Einfügen (1)

- Durchsuchen.. (2)
- Name: [Pfeil] (3)
- Winkel: [0] (4)
- Restliche wie dargestellt Optionen übernehmen
- OK

Legen Sie den Pfeil in etwa auf Position (5) ab und erzeugen Sie zwei weitere Pfeile.

- *Kopieren* (6)
- Pfeil markieren (5)
- *Taste: ENTER*
- Basispunkt wählen (7)
- 1. Zielpunkt wählen (8)
- 2. Zielpunkt wählen (9)
- *Taste: ESC*

4.5.12 Beschriften der Maschine

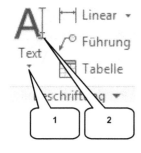

Für die Beschriftung der Maschine ist das Befehlsmenü **Absatz-text** zu erweitern und der darin enthaltene Befehl A **Einzelne Linie** zu starten.

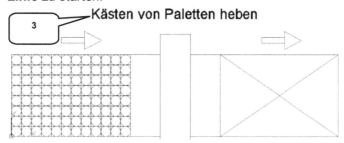

Kästen von Paletten heben

- Befehl **Absatztext** erweitern (1)
- A **Einzelne Linie** (2)
- Startpunkt setzen (3)
- Wert für Höhe eingeben: [100]
- **Taste: ENTER**

- Wert für Drehwinkel eingeben: [0]
- **Taste: ENTER**
- Text eingeben:
  [Kästen von Paletten heben]
- **Taste: ENTER** > **Taste: ENTER**

Die Zeichnung kann im Anschluss daran 💾 **gespeichert** und geschlossen werden.

4.6   Die Produktionslinie
4.6.1   Erzeugen einer neuen Zeichnung

Starten Sie den Befehl 🗋 **Neu**, wählen Sie aus den vorhandenen Vorlagen die **acadiso.dwt** aus und 💾 **speichern** Sie die Zeichnung im Projektordner unter der Bezeichnung **01_00_Produktionslinie**.

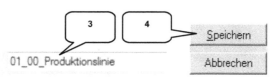

- 🗋 **Neu** (1)
- Vorlage: acadiso.dwt
- Öffnen

- 💾 **Speichern** (2)
- Dateiname: [01_00_Produktionslinie] (3)
- Dateityp: *.dwg
- Speichern (4)

4.6.2 Die Maschinen der Produktionslinie importieren

Die folgende Übung soll das Einfügen von Blöcken unter Verwendung des Benutzerkoordinatensystems festigen. Jede Zeichnung besitzt den Koordinatenursprungspunkt und die drei Hauptachsen (X, Y, Z). Wurde ein Zeichenelement bereits darauf bezogen konstruiert, so kann diese Position auch in anderen Zeichnungen verwendet werden wenn sie als Block darin eingefügt wird. Hierfür muss beim Einfügen eines Blocks lediglich die Option **Einfügepunkt am Bildschirm bestimmen** deaktiviert werden.

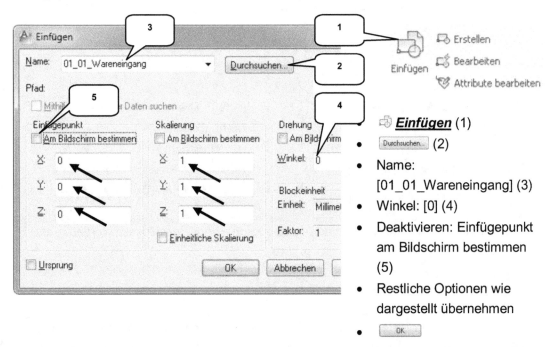

- 🔾 **Einfügen** (1)
- Durchsuchen... (2)
- Name:
  [01_01_Wareneingang] (3)
- Winkel: [0] (4)
- Deaktivieren: Einfügepunkt
  am Bildschirm bestimmen
  (5)
- Restliche Optionen wie
  dargestellt übernehmen
- OK

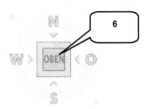

Um das neue Objekt im Fensterbereich der Zeichnung sichtbar zu machen, kann am **ViewCube** die Ansicht **OBEN** (6) aktiviert werden und die Ansicht wird danach gezoomt.

Nach der Platzierung des letzten Objekts sind weitere Blöcke zu importieren, wobei dieselben Einstellungen zu verwenden sind.

Wiederholen Sie den Befehl 🔾 **Einfügen**, bis alle folgenden Objekte in die Zeichnung importiert worden sind:

Fügen Sie nacheinander die folgenden Blöcke ein:

- 01_03_Palettenspeicher
- 01_04_Flaschen_aus_Kästen_heben
- 01_05_Kastenwaschmaschine
- 01_06_Kastenspeicher
- 01_07_Flaschenspeicher_01
- 01_08_Flaschenkontrolle_01
- 01_09_Flaschenwaschmaschine

- 01_10_Flaschenkontrolle_02
- 01_11_Flaschenspeicher_02
- 01_12_Füllen_Schließen_Etikettieren
- 01_13_Flaschen_in_Kästen_heben
- 01_14_Kästen_auf_Paletten_heben
- 01_15_Warenausgang
- 01_16_Flaschentransportsystem

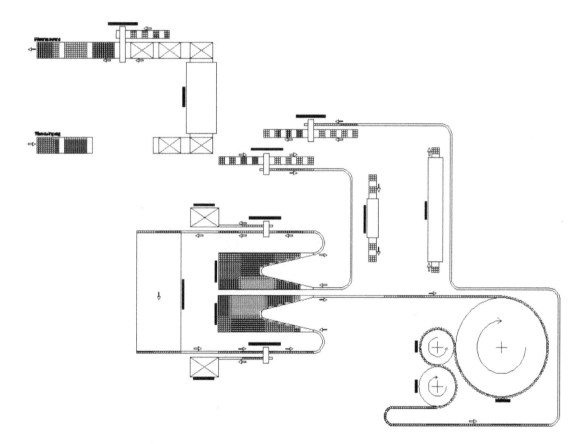

Im Resultat sollte sich die in der oberen Abbildung dargestellte Konstellation verschiedener Maschinen und Transportsysteme zeigen, wenn alle importierten Objekte auf den Koordinatenursprung bezogen platziert wurden.

Die folgende Maschine soll ebenfalls als Block in die Zeichnung importiert werden. Sie ist allerdings diesmal nicht auf den Koordinatenursprungs zu beziehen.

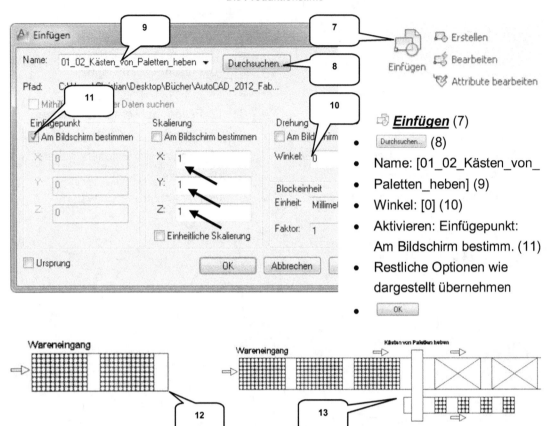

Einfügen (7)

- Durchsuchen... (8)
- Name: [01_02_Kästen_von_
- Paletten_heben] (9)
- Winkel: [0] (10)
- Aktivieren: Einfügepunkt: Am Bildschirm bestimm. (11)
- Restliche Optionen wie dargestellt übernehmen
- OK

Das Objekt sollte jetzt am Mauszeiger hängen und kann nun auf der markierten Ecke des Wareneingangs (12) abgelegt werden. Es müsste genau zwischen Wareneingang und Transportband des Palettenspeichers passen. Sollte das bei Ihnen nicht der Fall sein, verwenden Sie zur Korrektur den Befehl ⊹ **Verschieben**.

4.6.3 Aktivierung des Layers: Transportsysteme

Aktivieren Sie den Layer **Transportsysteme**:

- Layer **Transportsysteme** wählen (1)

4.6.4 Das Kastentransportsystem

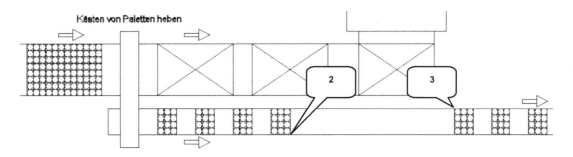

Zwischen den Maschinen **Kästen von Palette heben** und **Flaschen aus Kästen heben** soll das fehlende Kastentransportband durch ein ⬚ **Rechteck** symbolisiert werden.

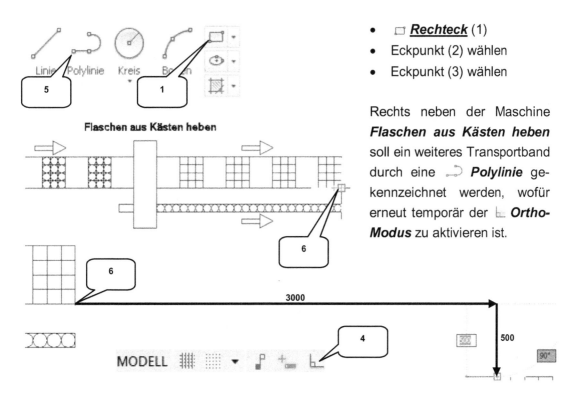

- ⬚ **Rechteck** (1)
- Eckpunkt (2) wählen
- Eckpunkt (3) wählen

Rechts neben der Maschine **Flaschen aus Kästen heben** soll ein weiteres Transportband durch eine ⤵ **Polylinie** gekennzeichnet werden, wofür erneut temporär der ⌐ **Ortho-Modus** zu aktivieren ist.

- ⌐ **Ortho-Modus** (4)
- ⤵ **Polylinie** (5)
- Startpunkt wählen (6)
- Maus waagerecht nach rechts ziehen
- Tastatureingabe: [3000]

- **Taste: ENTER**
- Maus senkrecht nach unten ziehen
- Tastatureingabe: [500]
- **Taste: ENTER > Taste: ESC**

4.0.5 Bearbeiten und Versetzen der Polylinie

⊹⊹ Verschieben   ○ Drehen   -/-- Stutzen ▾

°⊙ Kopieren   ⬟ Spiegeln   ⌷ Abrunden ▾

⊡ Strecken   ⬚ Skalieren   ⊞ Reihe

Ändern ▾

Die Polylinie soll um 500 mm abgerundet werden. Verwenden Sie den Befehl ⌷ **_Abrunden_**.

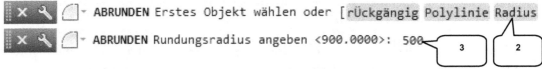

⊞ ✕ 🔧 ⌷ ▾ ABRUNDEN Erstes Objekt wählen oder [rÜckgängig Polylinie Radius

⊞ ✕ 🔧 ⌷ ▾ ABRUNDEN Rundungsradius angeben <900.0000>: 500

- ⌷ **_Abrunden_** (1)
- Option: [Radius] wählen (2)
- Werteingabe: [500] (3)

- **_Taste: ENTER_**
- Erste Linie wählen (4)
- Zweite Linie wählen (5)

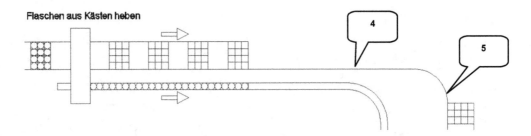

Flaschen aus Kästen heben

Der Befehl ⌷ **_Versetzen_** soll die abgerundete Polylinie mit einem Versatz von 400 mm geometrisch angepasst kopieren und das Transportband damit schließen.

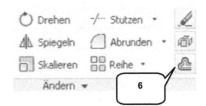

○ Drehen   -/-- Stutzen ▾

⬟ Spiegeln   ⌷ Abrunden ▾

⬚ Skalieren   ⊞ Reihe ▾

Ändern ▾

- ⌷ **_Versetzen_** (6)
- Abstand: [400] eingeben > **_Taste: ENTER_**
- Polylinie wählen (7)
- Auf einen beliebigen Punkt im Bereich (8) klicken
- **_Taste: ESC_**

HINWEIS: _Beim Versetzen ist beim Klicken mit der Maustaste nicht die genaue Position des Punktes (3) relevant, sondern lediglich die Richtung (vom Original aus gesehen). Die Entfernung zwischen dem Original und der Kopie wurde bereits durch den Abstand definiert._ **!**

Flaschen aus Kästen heben

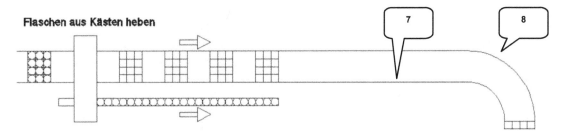

4.6.6 Kastenwaschmaschine mit Kastenspeicher verbinden

Kastenwaschmaschine und **Kastenspeicher** sind ebenfalls miteinander zu verbinden. Wiederholen Sie die Befehle ⟶ **Polylinie**, **Abrunden** und **Versetzen**.

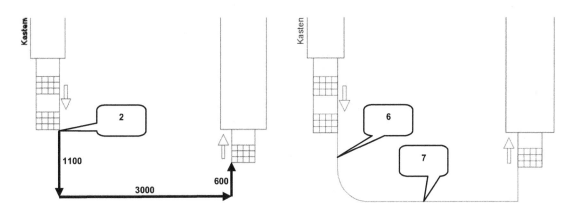

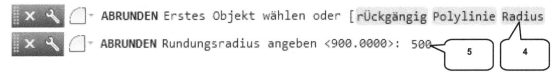

- ⟶ **Polylinie** (1)
- Startpunkt wählen (2)
- Linie 1100 mm nach unten zeichnen
- Linie 3000 mm nach rechts zeichnen
- Linie 600 mm nach oben zeichnen
- **Taste: ESC**

- **Abrunden** (3)
- Option: [Radius] wählen (4)
- Werteingabe: [500] (5)
- **Taste: ENTER**
- Erste Linie wählen (6)
- Zweite Linie wählen (7)

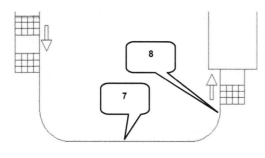

-  **_Abrunden_** (3)
- Option: [Radius] wählen (4)
- Werteingabe: [500] (5)
- **_Taste: ENTER_**
- Zweite Linie wählen (7)
- Dritte Linie wählen (8)

- **_Versetzen_** (9)
- Abstand: [400] eingeben
- **_Taste: ENTER_**
- Polylinie wählen (10)
- Auf beliebigen Punkt im Bereich (11)
  klicken > **_Taste: ESC_**

4.6.7 Kastenspeicher mit Flaschenheber verbinden

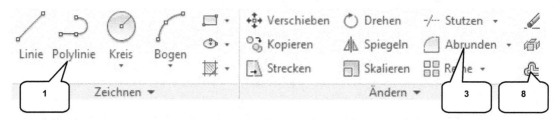

Kastenspeicher und **Flaschenheber** sollen auch durch ein Transportband miteinander verbunden werden.

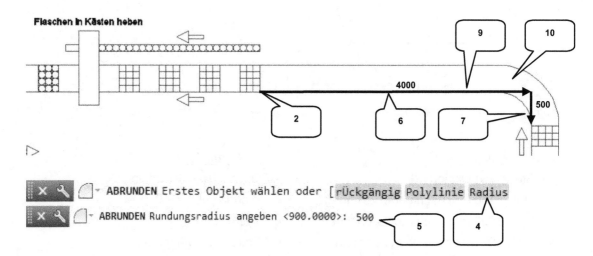

- ⟳ **_Polylinie_** (1)
- Startpunkt (2) wählen
- Linie 4000 mm nach rechts zeichnen
- Linie 500 mm nach unten zeichnen
- **_Taste: ESC_**

- ⌐ **_Abrunden_** (3)
- Option: [Radius] wählen (4)
- Werteingabe: [500] (5)
- **_Taste: ENTER_**

- Erste Linie wählen (6)
- Zweite Linie wählen (7)

- ⟰ **_Versetzen_** (8)
- Abstand: [400] eingeben
- **_Taste: ENTER_**
- Polylinie wählen (9)
- Auf beliebigen Punkt im Bereich (10) klicken > **_Taste: ESC_**

4.6.8 Flaschenheber mit Kastenheber verbinden

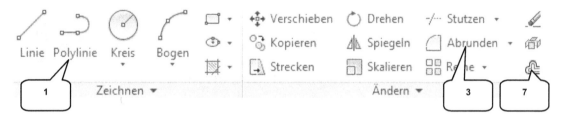

Kasten- und **Flaschenheber** sind ebenfalls miteinander zu verbinden.

- ⟳ **_Polylinie_** (1)
- Startpunkt wählen (2)
- Linie 3000 mm nach rechts zeichnen
- Linie 5000 mm nach unten zeichnen
- Linie 2050 mm nach rechts zeichnen
- **_Taste: ESC_**

- ⌐ **_Abrunden_** (3)
- Option: [Radius] wählen
- Werteingabe: [500]
- **_Taste: ENTER_**
- Erste Linie wählen (4)
- Zweite Linie wählen (5)

- ⌐ **_Abrunden_** (3)
- Option: [Radius] wählen
- Werteingabe: [500]
- **_Taste: ENTER_**
- Zweite Linie wählen (5)
- Dritte Linie wählen (6)

- ⟰ **_Versetzen_** (7)
- Abstand: [400] eingeben
- **_Taste: ENTER_**
- Polylinie wählen (8)
- Auf beliebigen Punkt im Bereich (9) klicken
- **_Taste: ESC_**

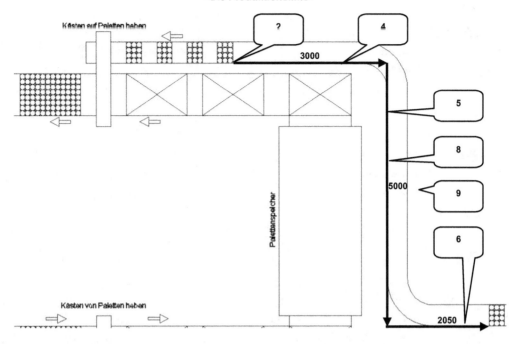

Die Produktionslinie ist damit vollständig geschlossen worden, die Zeichnung soll allerdings weiterhin geöffnet bleiben.

4.6.9   Berechnung des Platzbedarfes vom Produktionsbereich

Um genügend Platz für die Produktionsfläche innerhalb der Fabrikhalle einplanen zu können, sollten vorher die Abmessungen ermittelt werden. Verwenden Sie dafür den Befehl ⊢╌╌┤ **Messen**.

- ⊢╌╌┤ **Messen** (1)
- Punkt (2) wählen
- Punkt (3) wählen

Länge (4) und Höhe (5) können jetzt abgelesen werden. Es ist zu erkennen, dass eine Basisfläche von ca. **29 x 20 m** benötigt wird. Ein zusätzlicher umlaufender Sicherheitsbereich von einem Meter ergibt die benötigte Gesamtfläche von **31 x 22 m** für die eigentliche Produktionsfläche.

Beenden Sie den Befehl mit der **Taste: ESC** und 🖫 **speichern** sowie schließen Sie die Zeichnung.

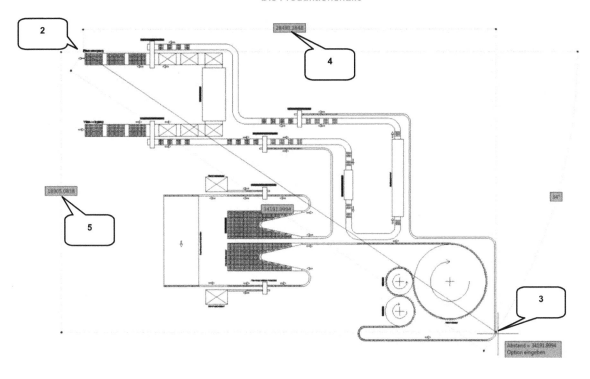

4.7   Die Produktionshalle
4.7.1   Erzeugen einer neuen Zeichnung

Starten Sie den Befehl 🗋 **Neu** und wählen Sie aus den vorhandenen Vorlagen die **acadiso.dwt** aus. 🖫 **Speichern** Sie die Zeichnung im Projektordner unter der Bezeichnung: **02_00_Fabrikhalle_mit_Außenbereich**.

- 🗋 **_Neu_** (1)
- Vorlage: acadiso.dwt
- Öffnen

- 🖫 **_Speichern_** (2)
- Dateiname:
  [02_00_Fabrikhalle_mit_Außenbereich]
  (3)
- Dateityp: *.dwg
- **Speichern** (4)

4.7.2 Der neue Layer: Fabrikhalle

Starten Sie den 🖺 **_Layereigenschaften-Manager_** und erstellen Sie einen neuen Layer **_Fabrikhalle_** mit den folgenden Eigenschaften:

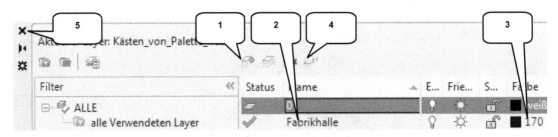

- 🖺 **_Layereigenschaften-Manager_**
- 🍃 Neuer Layer (1)
- Name: [Fabrikhalle] (2)

- Farbe: [170] (3)
- Layer aktivieren (4)
- Layereigenschaften schließen (5)

4.7.3 Produktions- und Logistikbereiche abgrenzen

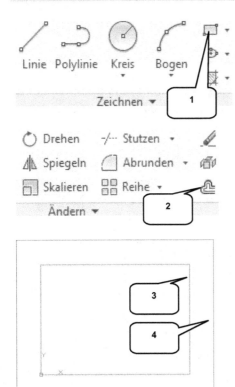

Der Produktionsbereich soll mit einem ⬜ **_Rechteck_** umrandet werden: es soll später die Aufteilung der gesamten Produktionshalle vereinfachen. Mittels 🗜 **_Versetzen_** soll das Rechteck danach kopiert werden.

- ⬜ **_Rechteck_** (1)
- Erster Punkt: [0] > **_Taste: TAB_** > [0]
- **_Taste: ENTER_**
- Zweiter Punkt:
  [31000] > **_Taste: TAB_** > [22000]
- **_Taste: ENTER_**

- 🗜 **_Versetzen_** (2)
- Abstand: [5000] eingeben
- **_Taste: ENTER_**
- Zu versetzendes Rechteck wählen (3)
- Auf einen beliebigen Punkt im Bereich (4) klicken
- **_Taste: ESC_**

4.7.4 Wareneingang, Warenausgang und Sozialtrakt abgrenzen

Neben den Produktions- und Logistikbereichen sind beidseitig Bereiche für Wareneingang, Warenausgang und den Sozialtrakt einzuplanen. Zeichnen Sie hierfür zwei ▭ **Rechtecke**.

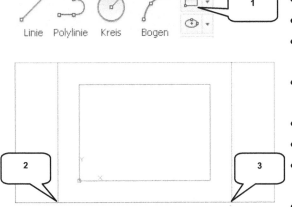

- ▭ **Rechteck** (1)
- Startpunkt: Punkt (2)
- Endpunkt: [-10000] > **Taste: TAB** > [32000]
- **Taste: ENTER**

- ▭ **Rechteck** (1)
- Startpunkt: Punkt (3)
- Endpunkt: [10000] > **Taste: TAB** > [32000]
- **Taste: ENTER**

4.7.5 Die Hallenpfeiler zeichnen und rechteckig anordnen

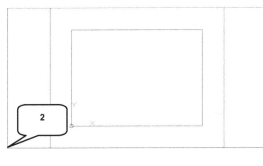

Zeichnen Sie für die Träger der Wand- und Deckenkonstruktion (Hallenpfeiler). Starten Sie mit einem ersten ▭ **Rechteck** (200 x 200 mm) in der markierten Ecke. Vervielfältigen Sie das Rechteck danach mit dem Befehl ▦ **Reihe**.

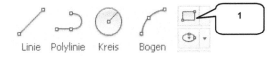

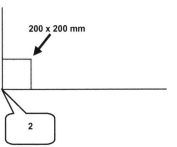

200 x 200 mm

- ▭ **Rechteck** (1)
- Erster Punkt: Eckpunkt (2)
- Endpunkt: [200] > **Taste: TAB** > [200]
- **Taste: ENTER**

-  **_Reihe_** (3)
- Rechteck (200 x 200) markieren
- *Taste: ENTER*
- Werte der oberen Abb. übernehmen
- ✕ Anordnung schließen

4.7.6 Kennzeichnen der Hallenpfeilerstrukturen

Die zuletzt gezeichneten Hallenpfeiler sind durch Hilfslinien zu kennzeichnen, wobei die kleinen Rechtecke jeweils paarweise einmal horizontal und einmal vertikal miteinander zu verbinden sind. Die Linien sind dann mit dem Linientyp *ISO Strichlinie* zu versehen.

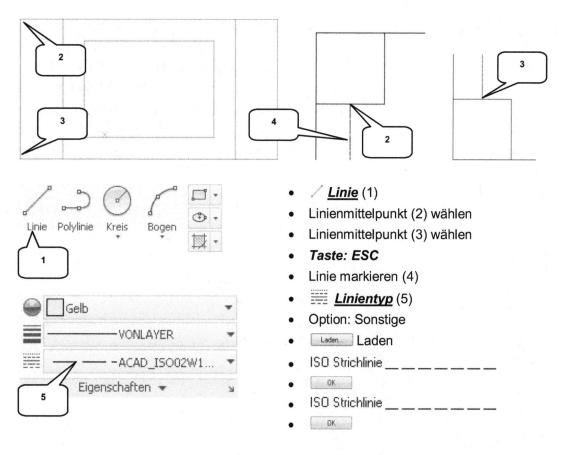

- ╱ **_Linie_** (1)
- Linienmittelpunkt (2) wählen
- Linienmittelpunkt (3) wählen
- *Taste: ESC*
- Linie markieren (4)
- ▦ **_Linientyp_** (5)
- Option: Sonstige
- [Laden...] Laden
- ISO Strichlinie _ _ _ _ _ _ _
- [OK]
- ISO Strichlinie _ _ _ _ _ _ _
- [OK]

Erzeugen Sie weitere Linien zwischen den restlichen Hallenpfeilerpaaren (in vertikaler und auch in horizontaler Richtung) mit denselben Linieneigenschaften.

4.7.7 Zeichnen der Wände

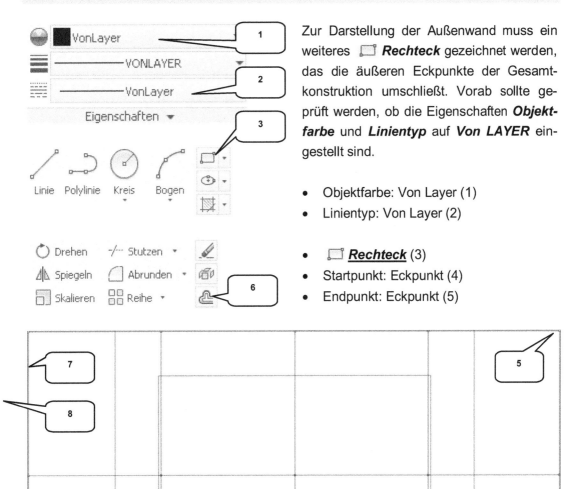

Zur Darstellung der Außenwand muss ein weiteres ☐ **Rechteck** gezeichnet werden, das die äußeren Eckpunkte der Gesamtkonstruktion umschließt. Vorab sollte geprüft werden, ob die Eigenschaften **Objektfarbe** und **Linientyp** auf **Von LAYER** eingestellt sind.

- Objektfarbe: Von Layer (1)
- Linientyp: Von Layer (2)

- ☐ **Rechteck** (3)
- Startpunkt: Eckpunkt (4)
- Endpunkt: Eckpunkt (5)

Versetzen Sie eine Kopie des zuletzt gezeichneten Rechtecks um 100 mm nach außen und zeichnen Sie fünf neue ☐ **Rechtecke** für den Sozialtrakt.

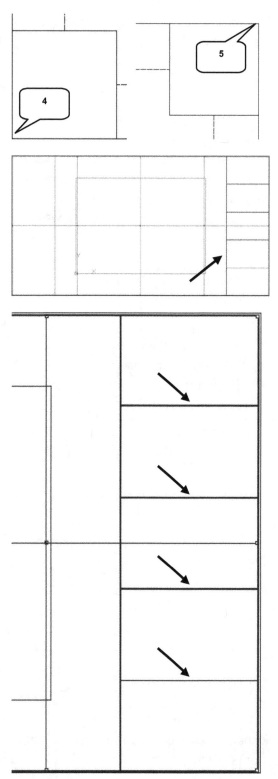

- 🔒 *Versetzen* (0)
- Abstand: [100] eingeben
- *Taste: ENTER*
- Neues Rechteck wählen (7)
- Auf beliebigen Punkt außerhalb der gezeichneten Kontur klicken (8)
- *Taste: ESC*

- ⬜ *Rechteck* (3)
- Erster Punkt: [36000] > Tab > [-5000]
- *Taste: ENTER*
- Zweiter Punkt: [50] > *Taste: TAB* > [32000] > *Taste: ENTER*

- ⬜ *Rechteck* (3)
- Erster Punkt: [36050] > *Taste: TAB* > [1360] >*Taste: ENTER*
- Zweiter Punkt: [9950] > *Taste: TAB* > [50] > *Taste: ENTER*

- ⬜ *Rechteck* (3)
- Erster Punkt: [36050] > *Taste: TAB* > [7770] > *Taste: ENTER*
- Zweiter Punkt: [9950] > *Taste: TAB* > [50] > *Taste: ENTER*

-
- ⬜ *Rechteck* (3)
- Erster Punkt: [36050] > *Taste: TAB* > [14180] > *Taste: ENTER*
- Zweiter Punkt: [9950] > *Taste: TAB* > [50] > *Taste: ENTER*

- ⬜ *Rechteck* (3)
- Erster Punkt: [36050] > *Taste: TAB* > [20590] > *Taste: ENTER*
- Zweiter Punkt: [9950] > *Taste: TAB* > [50] >*Taste: ENTER*

Der Layer **Fabrikhalle** ist zu sperren, um ihn bei den folgenden Arbeiten an der Zeichnung nicht unbeabsichtigt zu ändern. Erweitern Sie dafür die Befehlsgruppe **Layer** (9) und klicken Sie in der Zeile **Fabrikhalle** auf das **Schlosssymbol** (10).

4.7.8 Der neue Layer: Regalsysteme

Starten Sie den 🗐 **Layereigenschaften-Manager** und erstellen Sie den neuen Layer **Regalsysteme** mit den folgenden Eigenschaften:

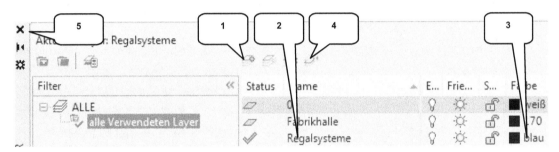

- 🗐 **Layereigenschaften-Manager**
- 🖉 Neuer Layer (1)
- Name: [Regalsysteme] (2)

- Farbe: [Blau] (3)
- Layer aktivieren (4)
- Layereigenschaften schließen (5)

4.7.9 Zeichnen der Regale mit einer Polylinie

Im folgenden Kapitel sollen parametrische Abhängigkeiten verwendet werden. Vorbereitend hierfür ist eine möglichst schräge Kontur zu zeichnen. Verwenden Sie den Befehl ⌐ **Polylinie**, um die folgende Kontur außerhalb der vorhandenen Halle zu zeichnen.

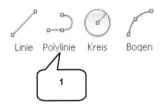

- ⌐ **Polylinie** (1)
- Ersten Punkt frei ablegen (2)
- Zweiten Punkt frei ablegen (3)
- Dritten Punkt frei ablegen (4)
- Vierten Punkt frei ablegen (5)
- Tastatureingabe: [S]
- **Taste: ENTER**

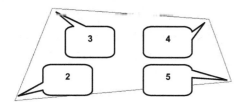

Wichtig ist, dass die Kontur mit der Tastatureingabe [S] geschlossen wurde und die Linien schräg gezeichnet wurden. Die genaue Position der Kontur im Zeichenbereich ist vorerst nicht relevant.

4.7.10 Setzen geometrischer Formabhängigkeiten

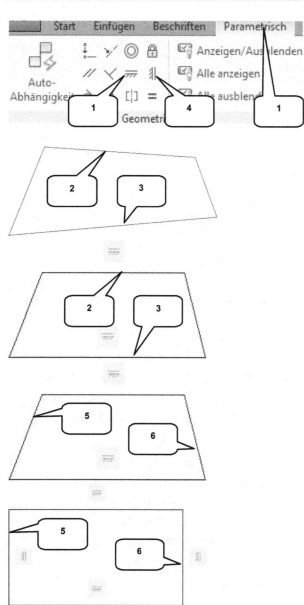

Mithilfe geometrischer Abhängigkeiten soll die schräge Kontur jetzt in Form gebracht werden. Öffnen Sie dafür das Register **Parametrisch** (1).

Mit der Abhängigkeit ⚏ **Horizontal** sind die Linien (2,3) parallel zur X-Achse anzuordnen und die Abhängigkeit ⫴ **Vertikal** soll die Linien (5,6) parallel zur Y-Achse ausrichten.

- ⚏ **Horizontal** (1)
- Markierte Linie (2) wählen

- ⚏ **Horizontal** (1)
- Markierte Linie (3) wählen

- ⫴ **Vertikal** (4)
- Markierte Linie (5) wählen

- ⫴ **Vertikal** (4)
- Markierte Linie (6) wählen

Das Ergebnis ist ein Rechteck variabler Größe. Die zuletzt erzeugten horizontalen und vertikalen Abhängigkeiten werden durch entsprechende Symbole gekennzeichnet.

4.7.11 Setzen parametrischer Bemaßungsabhängigkeiten

Verwenden Sie die parametrischen Bemaßungen ☐ *Horizontal* und ☐ *Vertikal*, um dem Rechteck weiterhin parametrische Bemaßungen zuzuweisen. Die genauen Abmessungen sollen erst später im Parameter-Manager definiert werden.

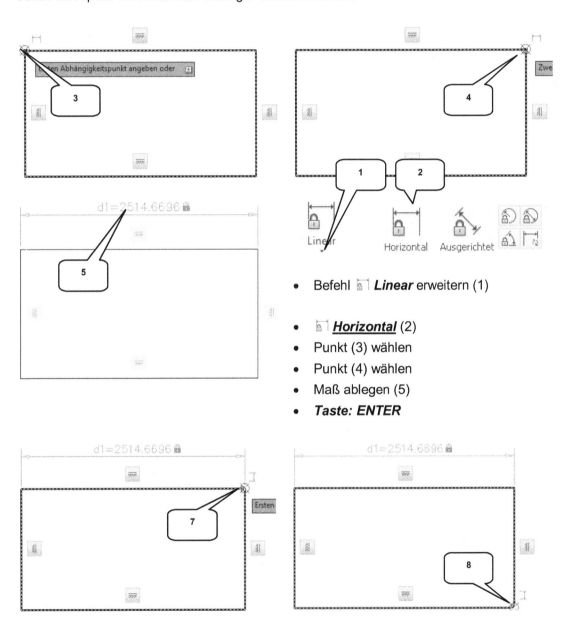

- Befehl ☐ *Linear* erweitern (1)

- ☐ *Horizontal* (2)
- Punkt (3) wählen
- Punkt (4) wählen
- Maß ablegen (5)
- *Taste: ENTER*

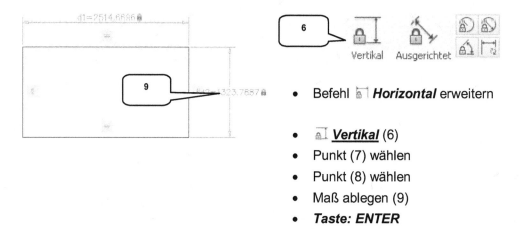

- Befehl 🔒 **Horizontal** erweitern

- 🔒 **Vertikal** (6)
- Punkt (7) wählen
- Punkt (8) wählen
- Maß ablegen (9)
- **Taste: ENTER**

Verwenden Sie den Befehl 🔁 **Kopieren** (Register **Start**), um das Rechteck einmal zu kopieren und die Kopie rechts neben dem Original abzulegen. Die genaue Position ist dabei vorerst nicht relevant.

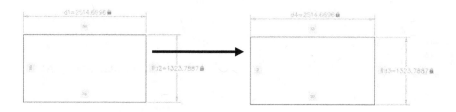

4.7.12 Bearbeiten der parametrischen Maße mit dem Parameter-Manager

Die parametrischen Bemaßungen der beiden Rechtecke sollen jetzt voneinander abhängig gemacht und durch Gleichungssysteme miteinander verbunden werden. Starten Sie den fx **Parameter-Manager** und ändern Sie die vorhandenen Werte in den Spalten **Name** und **Ausdruck** wie in der folgenden Abbildung dargestellt. Achten Sie darauf, zuerst die gesamte Spalte **Name**, dann erst die Spalte **Ausdruck** zu ändern.

- fx **Parameter-Manager** (1)
- Die folgenden Änderungen in der Spalte **Name** übernehmen:

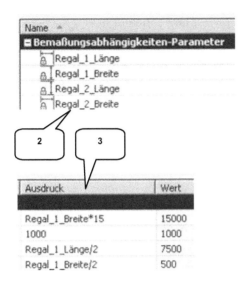

Änderungen in der Spalte **Name** (2):

- [Regal_1_Länge]
- [Regal_1_Breite]
- [Regal_2_Länge]
- [Regal_2_Breite]

Änderungen in der Spalte **Ausdruck** (3):

- [Regal_1_Breite * 15]
- [1000]
- [Regal_1_Länge / 2]
- [Regal_1_Breite / 2]

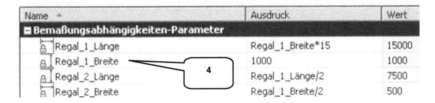

Alle Werte werden jetzt durch den Parameter **Regal_1_Breite** (4) gesteuert. **X**| **Schließen** Sie den Parameter-Manager und blenden Sie anschließend alle ⬚ **geometrischen Abhängigkeiten** (5) sowie ⬚ **Bemaßungsabhängigkeiten** (6) aus.

4.7.13 Positionieren und Anordnen der Regale

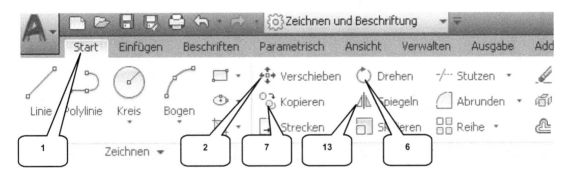

Wechseln Sie ins Register **Start** und verwenden Sie den Befehl ⬚ **Verschieben**, um das erste Rechteck zu positionieren.

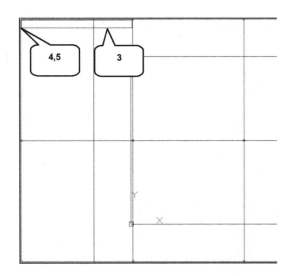

- Register **Start** öffnen (1)

- ✛ _**Verschieben**_ (2)
- Rechteck (1000 x 15000) wählen (3)
- **Taste: ENTER**
- Basispunkt wählen (4)
- Zielpunkt wählen (5)

HINWEIS: _Sollte das Rechteck anders als dargestellt liegen, muss es eventuell um 90 Grad ○ **gedreht** (6) werden (Option **Abhängigkeit abschwächen**)._ **!**

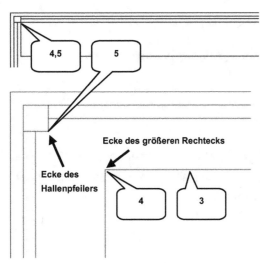

Mit dem Befehl ⌗ **Kopieren** sollen rechts neben dem größeren Rechteck zwei weitere Rechtecke erzeugt werden.

- ⌗ _**Kopieren**_ (7)
- Rechteck (1000 x 15000) wählen (3)
- **Taste: ENTER**
- Startpunkt wählen (5)
- Maus waagerecht nach rechts ziehen
- Wert: [15200] > **Taste: ENTER**
- Wert: [30400] > **Taste: ENTER**
- **Taste: ESC**

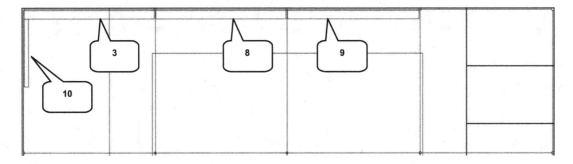

Die beiden neuen Rechtecke sollten wie in der oberen Abbildung dargestellt angeordnet worden sein (8, 9).

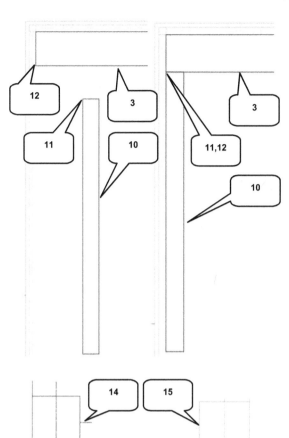

Das Rechteck (10) soll an das Rechteck (3) angelegt werden.

- ⊹ *__Verschieben__* (2)
- Rechteck (500 x 7500) wählen (10)
- *Taste: ENTER*
- Basispunkt wählen (11)
- Zielpunkt wählen (12)

Mit dem Befehl ◬ *Spiegeln* sollen die vier zuletzt erzeugten Rechtecke auf die untere Seite der Halle gespiegelt werden.

- ◬ *__Spiegeln__* (13)
- Nacheinander die Rechtecke (3,8,9 und 10) wählen
- *Taste: ENTER*
- Markierten Punkt wählen (14)
- Markierten Punkt wählen (15)
- Quellobjekt löschen? [N]
- *Taste: ENTER*

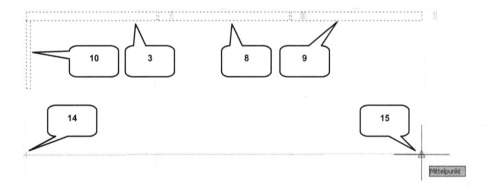

HINWEIS: *Die Spiegelachse (14, 15) ist die horizontale Verbindungslinie zwischen den beiden mittleren Hallenpfeilern.*

4.8   Der Außenbereich
4.8.1   Der neue Layer: Außenbereich

Starten Sie den 🗐 **Layereigenschaften-Manager** und erstellen Sie den neuen Layer **Au-ßenbereich** mit den folgenden Eigenschaften:

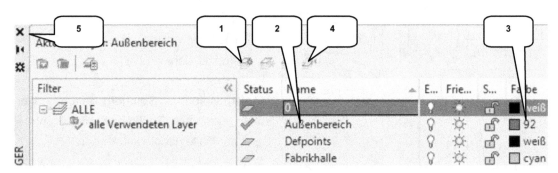

- 🗐 **Layereigenschaften-Manager**
- ☞ Neuer Layer (1)
- Name: [Außenbereich] (2)

- Farbe: [92] (3)
- Layer aktivieren (4)
- Layereigenschaften schließen (5)

4.8.2   Der LKW-Anlieferbereich

Der Bereich für alle Waren die mit dem LKW angeliefert werden soll mit einer ⌐⊃ **Polylinie** gezeichnet werden.

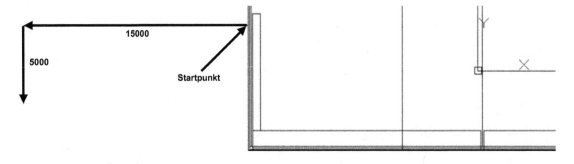

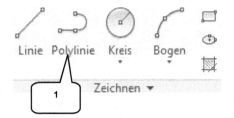

- ⌐⊃ **Polylinie** (1)
- Startpunkt: [-15100] > **Taste: TAB** > [2950] > **Taste: ENTER**
- Linie 15000 mm nach links zeichnen
- Linie 5000 mm nach unten zeichnen
- **Taste: ESC**

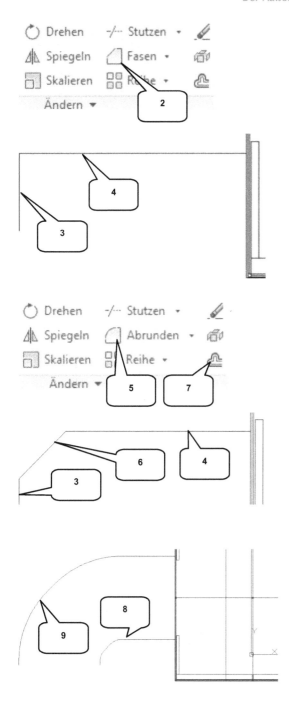

Um die Polylinie mit einer ◻ **Fase** versehen zu können, muss der Befehl ◻ **Abrunden** erweitert werden.

- Befehl ◻ **Abrunden** erweitern
- ◻ **_Fasen_** (2)
- Option: [Abstand] > **_Taste: ENTER_**
- Abstand 1: [3000] eingeben
- **_Taste: ENTER_**
- Abstand 2: [3000] eingeben
- **_Taste: ENTER_**
- Erstes Liniensegment wählen (3)
- Zweites Liniensegment wählen (4)

Die Ecken der Polylinie sind abschlie-ßend ◻ **abzurunden** und zu ⌁ **versetzen**.

- Befehl ◻ **_Fasen_** erweitern
- ◻ **_Abrunden_** (5)
- Option: [Radius] > **_Taste: ENTER_**
- [2000] > **_Taste: ENTER_**
- Option: [Mehrere] > **_Taste: ENTER_**
- Erstes Liniensegment wählen (3)
- Zweites Liniensegment wählen (6)
- Zweites Liniensegment wählen (6)
- Drittes Liniensegment wählen (4)
- **_Taste: ESC_**

- ⌁ **_Versetzen_** (7)
- Abstand: [16100]
- **_Taste: ENTER_**
- Zu versetzendes Objekt wählen (8)
- Auf beliebigen Punkt im Bereich (9) klicken
- **_Taste: ESC_**

4.8.3 Die PKW-Parkplätze

Weitere Parkplätze für PKWs sollen rechts neben der Fabrikhalle erstellt werden. Zeichnen Sie dafür ein ⬚ *Rechteck* und ⬚ *kopieren* Sie dieses.

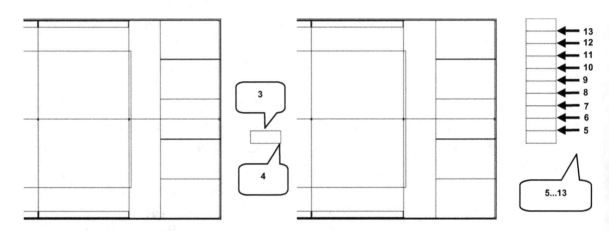

- ⬚ *Rechteck* (1)
- Erster Punkt: [51100] > *Taste: TAB* >
  [7100]
- *Taste: ENTER*
- Zweiter Punkt: [5000] > *Taste: TAB* >
  [2000]
- *Taste: ENTER*

- ⬚ *Kopieren* (2)
- Rechteck wählen (3)
- *Taste: ENTER*
- Basispunkt wählen (4)
- Nacheinander die Einfügepunkte
  (5) bis (13) anklicken
- *Taste: ESC*

Zwei ⌐ *Polylinien* stellen die Abgrenzung des Parkbereichs dar. Zeichnen Sie die beiden Linien und runden Sie diese anschließend ab.

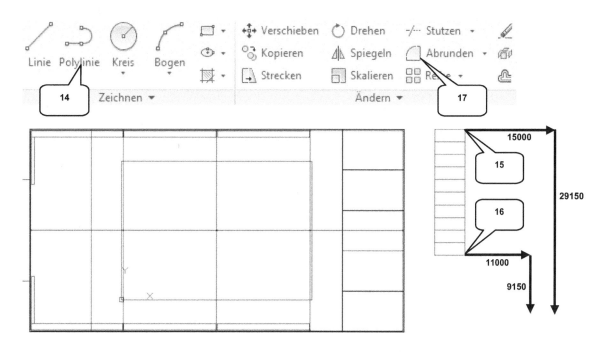

- 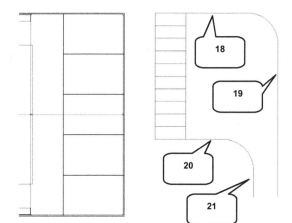 ***Polylinie*** (14)
- Startpunkt: Punkt (15) wählen
- ***Taste: ENTER***
- Linie 15000 mm nach rechts zeichnen
- Linie 29150 mm nach unten zeichnen
- ***Taste: ESC***

- ***Polylinie*** (14)
- Startpunkt: Punkt (16) wählen
- ***Taste: ENTER***
- Linie 11000 mm nach rechts zeichnen
- Linie 9150 mm nach unten zeichnen
- ***Taste: ESC***

- ◻ ***Abrunden*** (17)
- Option: [Radius] > ***Taste: ENTER***
- Radius: [5000] > ***Taste: ENTER***
- Option: [Mehrere] > ***Taste: ENTER***
- Linie (18) wählen
- Linie (19) wählen
- Linie (20) wählen
- Linie (21) wählen
- ***Taste: ESC***

Nicht benötigte Liniensegmente können jetzt -/-- ***gestutzt*** werden.

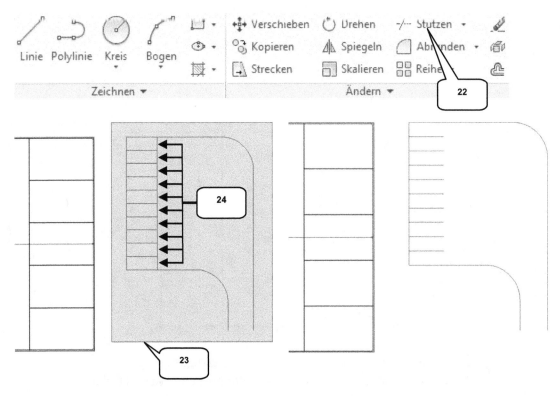

- -/-- **_Stutzen_** (22)
- Bei gedrückter linker Maustaste einen Rahmen über den gesamten PKW-Parkbereich aufziehen (23)
- **_Taste: ENTER_**

- Nacheinander die 10 markierten Linien anklicken (24)
- **_Taste: ESC_**

HINWEIS: _Der Befehl -/-- **Stutzen** erfordert vor der Auswahl der zu stutzenden Linien eine Markierung aller am Schnitt beteiligten Linien. Hier kann jede Linie einzeln markiert oder bei gedrückter linker Maustaste ein Rahmen über den gesamten Bereich aufgezogen werden._

!

4.8.4 Die Hauptstraße

Eine **_Straße_** soll auf dem Fabrikgelände LKW-Anlieferbereich und PKW-Parkplatz miteinander verbinden. Zeichnen Sie hierfür das folgende 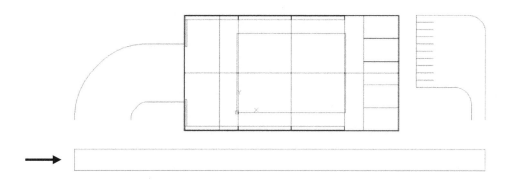 **_Rechteck_**:

- 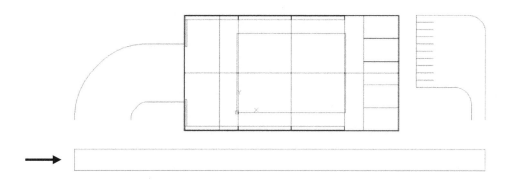 **_Rechteck_** (1)
- Erster Punkt: [-46200]
- **_Taste: TAB_** > [-16100]
- **_Taste: ENTER_**

- Zweiter Punkt: [117300]
- **_Taste: TAB_** > [6000]
- **_Taste: ENTER_**

4.8.5   LKW- und PKW-Bereiche mit der Hauptstraße verbinden

Erweitern Sie den Befehl -/-- **_Stutzen_** und starten Sie den Befehl --/ **_Dehnen_**. Verlängern Sie nacheinander alle Liniensegmente des LKW-Anlieferbereiches und des PKW-Parkplatzes bis zum zuletzt gezeichneten Rechteck, was abschließend noch zu stutzen ist.

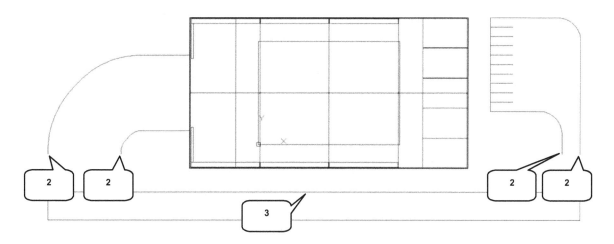

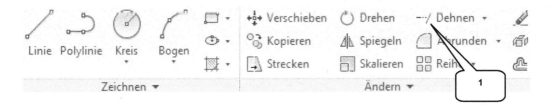

- Befehl -/-- **Stutzen** erweitern
- --/ **Dehnen** (1)
- Die vier Polylinien (2) und das Rechteck (3) markieren
- **Taste: ENTER**

- Nacheinander die unteren Linienenden der vier Polylinien (2) wählen
- **Taste: ESC**

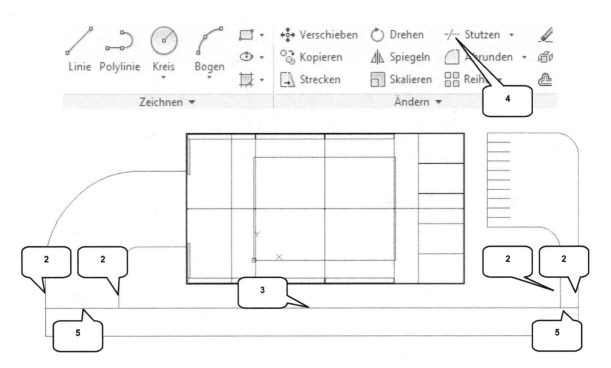

- Befehl --/ **Dehnen** erweitern
- -/-- **Stutzen** (4)
- Vier Polylinien (2) und das Rechteck (3) markieren
- **Taste: ENTER**

- Nacheinander die beiden zu stutzenden Liniensegmente (5) wählen
- **Taste: ESC**

4.8.6 Die Wasserspeicher

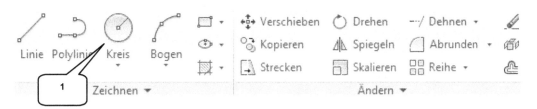

Die Produktionslinie benötigt zur Vorratsspeicherung des Quellwassers zwei **Wassertanks**, die in der 2D-Zeichnung durch zwei ⊘ **Kreise** symbolisiert werden sollen.

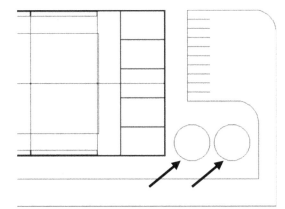

- ⊘ **Kreis (Mittelpunkt und Radius)** (1)
- Mittelpunkt: [52100] > **Taste: TAB**
- [-2100] > **Taste: ENTER**
- Radius: [4000] > **Taste: ENTER**

- ⊘ **Kreis (Mittelpunkt und Radius)** (1)
- Mittelpunkt: [61100] > **Taste: TAB**
- [-2100] > **Taste: ENTER**
- Radius: [4000] > **Taste: ENTER**

4.8.7 Bereinigen der Zeichnung

Die gesamte Zeichnung sollte jetzt noch von nicht benötigten Elementen (z. B. Blöcken, Layern, Gruppen und Stilen) bereinigt werden. Das Programm stellt dafür die Befehle ⅄ **Doppelte Objekte löschen** und ▭ **Bereinigen** zu Verfügung, wobei vorab allerdings der Layer Fabrikhalle entsperrt werden sollte: er würde ansonsten nicht bereinigt werden.

- Befehlsgruppe **Layer** erweitern (1)
- Layer **Fabrikhalle** ☐ entsperren (2)

Das Schloss dieses Layers müsste jetzt wieder geöffnet dargestellt werden. Erweitern Sie die Befehlsgruppe **Ändern** und starten Sie den Befehl ⅄ **Doppelte Objekte löschen**.

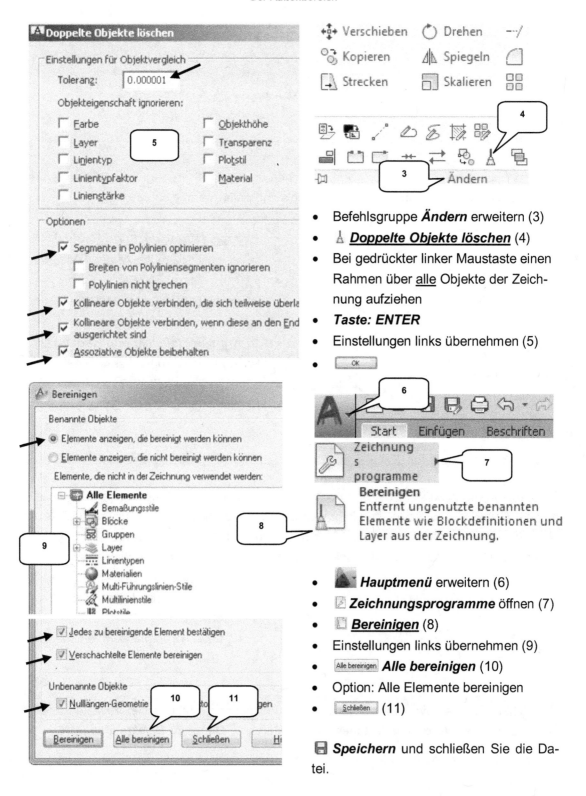

- Befehlsgruppe **Ändern** erweitern (3)
- ⚗ ***Doppelte Objekte löschen*** (4)
- Bei gedrückter linker Maustaste einen Rahmen über <u>alle</u> Objekte der Zeichnung aufziehen
- ***Taste: ENTER***
- Einstellungen links übernehmen (5)
- OK

- ▲ ***Hauptmenü*** erweitern (6)
- 📄 ***Zeichnungsprogramme*** öffnen (7)
- 🧹 ***Bereinigen*** (8)
- Einstellungen links übernehmen (9)
- Alle bereinigen ***Alle bereinigen*** (10)
- Option: Alle Elemente bereinigen
- Schließen (11)

💾 **Speichern** und schließen Sie die Datei.

4.9 Das gesamte Fabrikgelände
4.9.1 Erzeugen einer neuen Zeichnung

Starten Sie den Befehl 🗋 **Neu** und wählen Sie aus den vorhandenen Vorlagen die **acadiso.dwt** aus. 🖫 **Speichern** Sie die Zeichnung im Projektordner unter der Bezeichnung: **00_00_Gesamt**.

- 🗋 **_Neu_** (1)
- Vorlage: acadiso.dwt
- Öffnen

- 🖫 **_Speichern_** (2)
- Dateiname: [00_00_Gesamt] (3)
- Dateityp: *.dwg
- **_Speichern_** (4)

4.9.2 Einfügen der Produktionslinie als Referenz

Das Einfügen von Referenzen ähnelt grundsätzlich dem Platzieren von Blöcken. Auch hier werden die Zeichenobjekte bereits vorhandener Zeichnungen in andere Zeichnungen eingefügt. Der Unterschied besteht darin, dass Referenzen auch nach dem Einfügen weiterhin eine Verknüpfung zur Quelldatei aufweisen. Wird die Quelldatei später bearbeitet, so übertragen sich die Änderungen auch in die referenzierte Zeichnung. In der folgenden Übung sollen nacheinander die bereits vorhandenen Zeichnungen als Referenzen eingefügt werden wobei als Einfügepunkt der Koordinatenursprungspunkt zu verwenden ist.

Beginnen Sie mit der Zeichnung **01_00_Produktionslinie.dwg**.

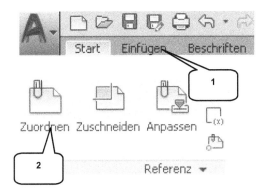

- Register **_Einfügen_** aktivieren (1)

- ⧉ **_Zuordnen_** (2)
- Dateiname: [01_00_Produktionslinie] (3)
- Dateityp: Zeichnung (*.dwg) (4)
- Öffnen (5)
- Werte aus Abbildung (6) übernehmen
- OK (7)

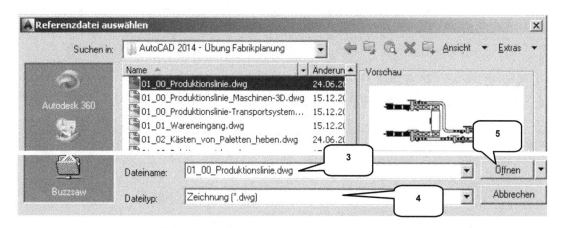

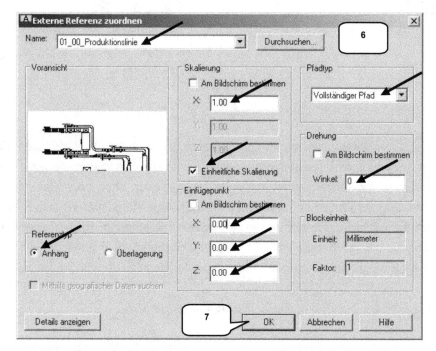

Aktivieren Sie am *ViewCube* die Ansicht *OBEN* (8) um die Zeichnung auszurichten. Wiederholen Sie den Befehl 🖹 *Zuordnen* um die folgende Datei zu importieren.

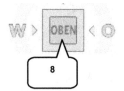

- 🖹 ***Zuordnen*** (2)
- Dateiname:
- [02_00_Fabrikhalle_mit_ Außenbereich]
- Öffnen
- Werte aus Abbildung (6) übernehmen
- OK

4.9.3 Bearbeiten einer Referenz innerhalb der Gesamtzeichnung

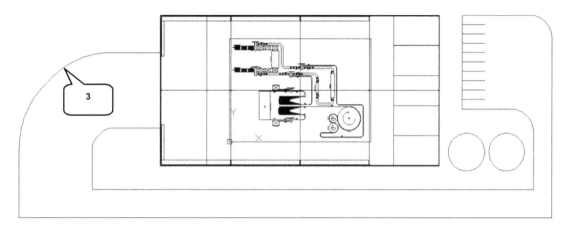

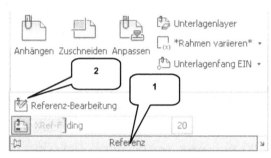

Die referenzierte Zeichnung **Fabrikhalle.dwg** soll aus der aktuellen Zeichnung heraus bearbeitet werden.

- Befehlsgruppe **Referenzen** erweitern (1)
- **Referenz-Bearbeitung** (2)
- Markierte Linie (3) wählen
- OK
- Im Fenster: Referenz bearbeiten
- Aktivieren: Alle eigebetteten Objekte automatisch wählen (4)
- OK > OK

Alle Objekte (außer die zur Bearbeitung ausgewählte Referenzdatei) werden jetzt transparent dargestellt. Löschen Sie die Umrandung des Produktionsbereichs (markiertes Rechteck).

- Markiertes Rechteck wählen (5)
- **Taste: ENTF**

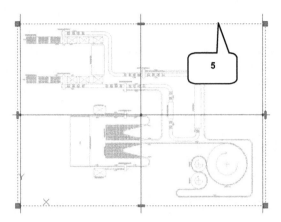

Verwenden Sie den Befehl 🔲 **Änderungen speichern**, um die Bearbeitung der Referenz zu beenden und die Änderung in die eigentliche Zeichnung zu übertragen.

- 🔲 **Änderungen speichern** (6)
- [OK]

4.9.4 Importieren weiterer Referenzen

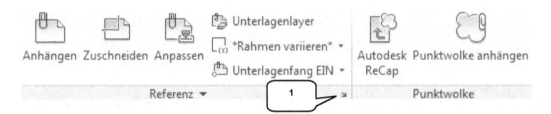

Starten Sie den Manager für ⬛ **Externe Referenzen**, öffnen Sie die Option 🔲 **DWG zuordnen** und wählen Sie die Zeichnung **03_00_Fuhrpark.dwg** aus dem Projektordner aus. Orientieren Sie sich an den folgenden Abbildungen:

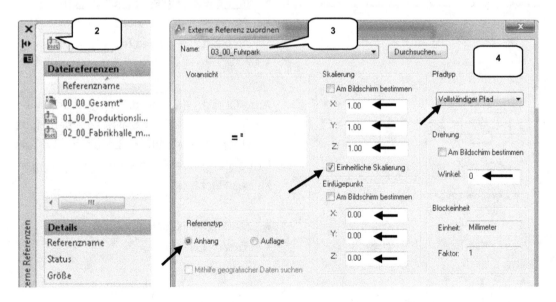

- **_Externe Referenzen_** (1)
- **_DWG-zuordnen_** (2)
- Dateiname: [03_00_Fuhrpark] (3)

- Öffnen
- Werte aus Abbildung (4) übernehmen
- OK

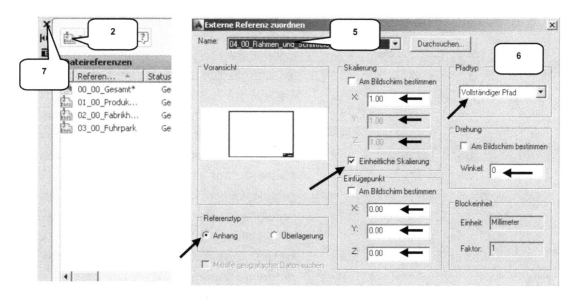

Wiederholen Sie den Befehl **_Zuordnen_** und importieren Sie die Referenzdatei **_04_00_Rahmen_und_Schriftfeld_A0.dwg_** in die aktuelle Zeichnung.

- **_DWG-zuordnen_** (2)
- Dateiname:
  [04_00_Rahmen_und_Schriftfeld_A0]
  (5)

- Öffnen
- Werte aus Abbildung (6) übernehmen
- OK

✕ _Schließen_ (7) Sie die externen Referenzen und **_speichern_** Sie die aktuelle Zeichnung (8). Diese muss allerdings weiterhin geöffnet bleiben.

5 Das Projekt für den Druck vorbereiten

5.1 Allgemeine Grundeinstellungen
5.1.1 Der Seiteneinrichtungs-Manager

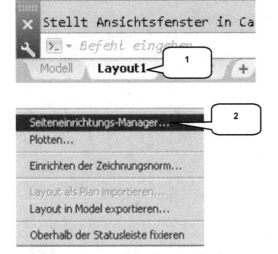

Zeichnungen besitzen einen **Modell-** und einen **Papierbereich** (Layoutbereich). Sollen die gezeichneten Objekte ausgedruckt werden, so sollte dies im Papierbereich vorbereitet werden. Um in den Papierbereich zu gelangen kann z. B. im unteren linken Bereich der Zeichnung mit der linken Maustaste auf eine der **Layout-Karten** (1) geklickt werden. Um dieses Layout zu bearbeiten ist im Anschluss daran mit der rechten Maustaste auf dieselbe Layout-Karte zu klicken um im Kontextmenü den **Seiteneinrichtungs-Manager** (2) zu starten.

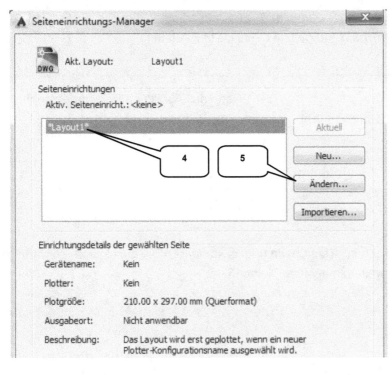

- **Layout1** aktivieren (1)
- **Rechte Maustaste** auf Layout1 (1)

- **_Seiteneinrichtungs-Manager_** (2)
- **Layout1** wählen (4)
- Ändern... (5)
- Einstellungen aus Abb. (6) übernehmen
- OK

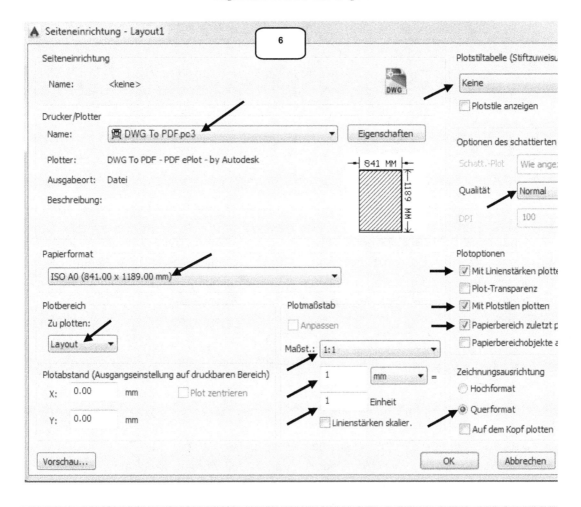

5.1.2 Das Ansichtsfenster proportionieren

Um die Inhalte aus dem Modellbereich im Papierbereich darstellen zu können werden Ansichtsfenster benötigt. Sie zeigen Ausschnitte der geometrischen Konturen aus dem Modellbereich, welche anschließend bemaßt werden können. Standardmäßig enthält jedes Layout ein Ansichtsfenster, somit auch das bereits geöffnete. Das Ansichtsfenster soll im folgenden Schritt an die aktuelle Papiergröße DIN A0 angepasst werden, was durch ein einfaches Verschieben der Eckpunkte geschieht. Markieren Sie das Ansichtsfenster durch einen (einfachen) Klick auf dessen Rand und ändern Sie die Größe per Drag & Drop.

HINWEIS: *Markieren Sie das Ansichtsfenster nur durch einen einfachen Klick mit der linken Maustaste auf dessen Rand. Per Doppelklick würden Sie unbeabsichtigt in den Modellbereich gelangen.*

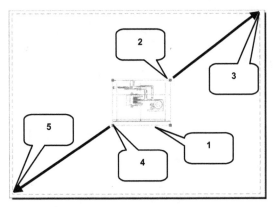 

- Rand des Ansichtsfensters wählen (1)
- Oberen, rechten Eckpunkt des Ansichtsfensters (2) auf oberen, rechten Eckpunkt des gestrichelten Rechtecks (3) ablegen

- Unteren, linken Eckpunkt des Ansichtsfensters (4) auf unteren, linken Eckpunkt des gestrichelten Rechtecks (5) ablegen
- *Taste: ESC*

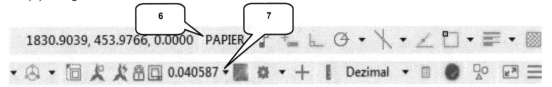

Um die Darstellung der Zeichnung aus dem Modellbereich an die neue Fenstergröße anzupassen muss temporär in den Modellbereich gewechselt werden, wofür auf den Befehl *Papier* in der unteren Befehlsleiste (6) zu klicken ist.

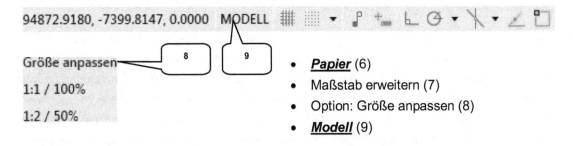

- ***Papier*** (6)
- Maßstab erweitern (7)
- Option: Größe anpassen (8)
- ***Modell*** (9)

HINWEIS: *Die in diesem Buch verwendete Anpassung der Darstellungsgröße des Modellbereichs an die Fenstergröße des Papierbereichs (Option **Größe anpassen**) entspricht nicht der DIN-Norm! Grundsätzlich ist ein Maßstab nach DIN ISO 5455 zu wählen, was in diesem Übungsbeispiel zu keinem zufriedenstellenden Ergebnis führen würde.*

5.1.3 Der neue Layer: Beschriftung

Wechseln Sie ins Register **Start**, öffnen Sie dort den 🗐 **Layereigenschaften-Manager**. und erstellen Sie einen neuen Layer **Beschriftung** mit den folgenden Eigenschaften:

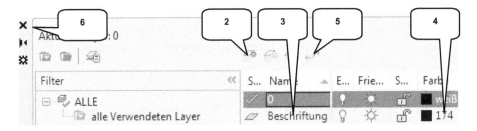

- Register **Start** (1) öffnen
- 🗐 **Layereigenschaften-Manager**
- ⚸ Neuer Layer (2)
- Name: [Beschriftung] (3)

- Farbe: [174] (4)
- Layer aktivieren (5)
- Layereigenschaften schließen (6)

5.1.4 Vervollständigen des Schriftfeldes

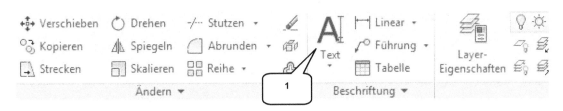

Der Schriftkopf der Zeichnung ist zu vervollständigen. Verwenden Sie hierfür den Befehl A **Einzelne Linie**, der sich hinter dem Befehl A **Absatztext** befindet.

- Befehl A *Absatztext* erweitern
- A *Einzelne Zeile* (1)
- Startpunkt festlegen (2)
- Höhe: [2.5] > *Taste: ENTER*
- Drehwinkel: [0] > *Taste: ENTER*
- Bezeichnung: [Ihr Name]
- *Taste: ENTER* > *Taste: ENTER*

- A *Einzelne Zeile* (1)
- Startpunkt festlegen (3)
- Höhe: [2.5] > *Taste: ENTER*

- Drehwinkel: [0] > *Taste: ENTER*
- Bezeichnung: [01_00_00]
- *Taste: ENTER* > *Taste: ENTER*

- A *Einzelne Zeile* (1)
- Startpunkt festlegen (4)
- Höhe: [5] > *Taste: ENTER*
- Drehwinkel: [0] > *Taste: ENTER*
- Bezeichnung: [Gesamtdarstellung]
- *Taste: ENTER* > *Taste: ENTER*

HINWEIS: *Wurde ein Text falsch positioniert, kann er jederzeit nachträglich verschoben werden. Hierfür klicken Sie den Text einmal mit der linken Maustaste an und verschieben diesen dann bei gedrückter linker Maustaste auf die gewünschte Position.* **!**

5.1.5 Beschriften der Arbeitsbereiche

Beschriften Sie jetzt auch die anderen Bereiche, indem Sie mehrere Texte durch den Befehl A *Einzelne Linie* und mit einer Schrifthöhe 5 mm erstellen.

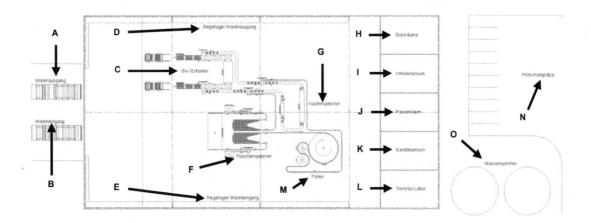

- A) [Warenausgang]
- B) [Wareneingang]
- C) [Be-/ Entladen]
- D) [Regallager WA]
- E) [Regallager WE]

- F) [Flaschenspeicher]
- G) [Kastenspeicher]
- H) [Büroräume]
- I) [Umkleideraum]
- J) [Pausenraum]

- K) [Sanitärbereich]
- L) [Technik/ Labor]
- M) [Füllen]
- N) [PKW-Parkplätze]
- O) [Wasserspeicher]

5.1.6 Bemaßen geometrischer Objekte

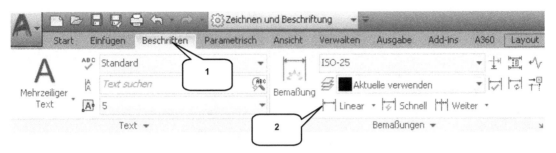

Bemaßungen sollten möglichst erst im Papierbereich erzeugt werden, da dann die Schriftgröße der Maße konstant bleibt, selbst wenn der Maßstab im Modellbereich geändert wird. Wechseln Sie ins Register **Beschriften** und bemaßen Sie zuerst den Abstand der beiden Hallenpfeiler auf der oberen, linken Seite. Bemaßt werden soll der Schnittpunkt der gestrichelten Linien mit den Pfeiler-Rechtecken.

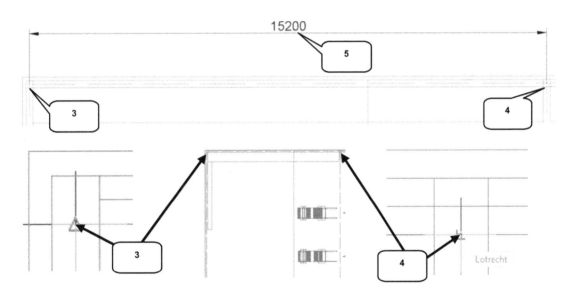

- Register **Beschriften** öffnen (1)
- ⊢⊣ **_Linearbemaßung_** (2)
- Startpunkt wählen (3)

- Endpunkt wählen (4)
- Maßtext ablegen (5)

Das zuletzt erzeugte Maß soll erweitert werden, um ein Kettenmaß daraus zu erzeugen. Starten Sie den Befehl ⊢⊣ **Weiter** und wählen Sie die folgenden drei markierten Referenzpunkte (jeweils der Schnittpunkt zwischen gestrichelter Linie und Rechteck).

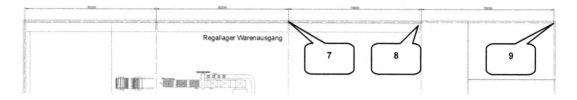

- ⊞ **_Weiter_** (6)
- Markierten Schnittpunkt zwischen der gestrichelten Linie und dem Rechteck wählen (7)

- Markierten Schnittpunkt wählen (8)
- Markierten Schnittpunkt wählen (9)
- **_Taste: ESC_**

Erweitern Sie den Befehl ⊢ **_Linearbemaßung_** und bemaßen Sie den linken Wasserspeicher mit einer ◎ **_Radiusbemaßung_**.

- **_Bemaßung_** erweitern (10)
- ◎ **_Radiusbemaßung_** (11)
- Kreis (12) wählen
- Maßtext an Position (13) ablegen

Bemaßen Sie den rechten Wasserspeicher mit einer ◎ **_Durchmesserbemaßung_**.

- **_Bemaßung_** erweitern (14)
- ◎ **_Durchmesserbemaßung_** (15)
- Kreis (16) wählen
- Maßtext an Position (17) ablegen

Ergänzen Sie ⊕ **_Mittelpunktmarkierungen_**.

- ⊕ **_Mittelpunktmarkierung_** (18)
- Kreis (12) wählen
- ⊕ **_Mittelpunktmarkierung_** (18)
- Kreis (16) wählen

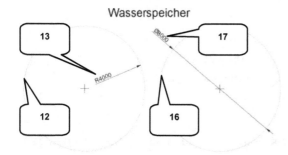

Wasserspeicher

5.1.7   Hinzufügen von Führungslinien

Zusätzliche Hinweise sollen mit einer ⌐ **Multi-Führungslinie** in die Zeichnung eingefügt werden.

- ⌐ **Multi-Führungslinie** (1)
- Startpunkt der Linie: Pos. (2)
- Text an Position (3) ablegen
- Register: Texteditor
- Texthöhe: [5] (4)
- Text: [1] eingeben
- ✕ Texteditor schließen

- ⌐ **Multi-Führungslinie** (1)
- Startpunkt der Linie: Pos. (5)
- Text an Position (6) ablegen
- Register: Texteditor
- Texthöhe: [5] (4)
- Text: [2] eingeben
- ✕ Texteditor schließen

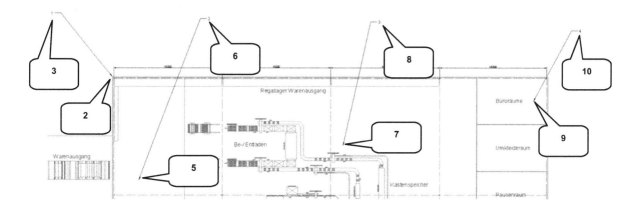

- 🖉 **_Multi-Führungslinie_** (1)
- Startpunkt der Linie: Pos. (7)
- Text an Position (8) ablegen
- <u>Register: Texteditor</u>
- Texthöhe: [5] (4)
- Text: [3] eingeben
- ✖ Texteditor schließen

- 🖉 **_Multi-Führungslinie_** (1)
- Startpunkt der Linie: Pos. (9)
- Text an Position (10) ablegen
- <u>Register: Texteditor</u>
- Texthöhe: [5] (4)
- Text: [4] eingeben
- ✖ Texteditor schließen

Die Führungslinien sollen jetzt aneinander ausgerichtet werden. Verwenden Sie den Befehl 🖉 **_Ausrichten_**.

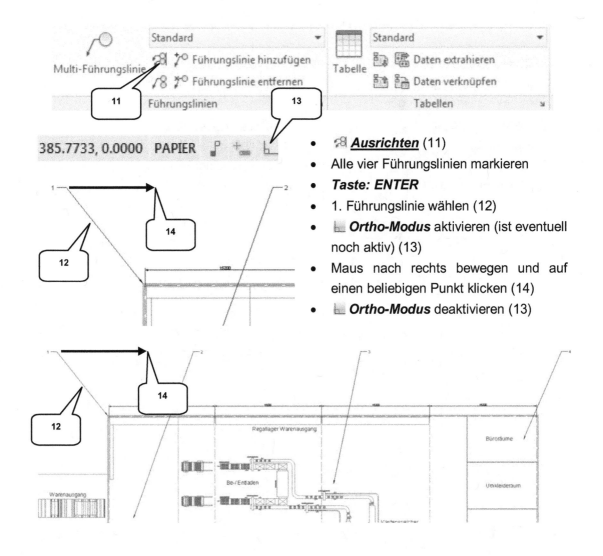

- 🖉 **_Ausrichten_** (11)
- Alle vier Führungslinien markieren
- **_Taste: ENTER_**
- 1. Führungslinie wählen (12)
- **_Ortho-Modus_** aktivieren (ist eventuell noch aktiv) (13)
- Maus nach rechts bewegen und auf einen beliebigen Punkt klicken (14)
- **_Ortho-Modus_** deaktivieren (13)

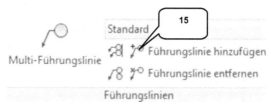

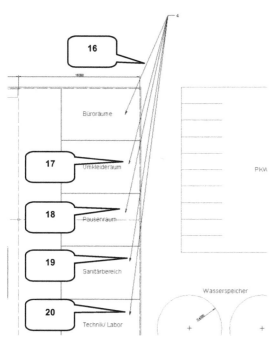

Die letzte Führungslinie mit der Nummer 4 soll um vier weitere Linien erweitern werden. Verwenden Sie den Befehl ⌐ **Führungslinie hinzufügen**.

- ⌐ **Führungslinie hinzufügen** (15)
- Führungslinie Nr. 4 wählen (16)
- Auf Punkt (17) klicken
- Auf Punkt (18) klicken
- Auf Punkt (19) klicken
- Auf Punkt (20) klicken
- **Taste: ESC**

5.1.8 Einfügen einer Tabelle

Die Positionsnummern der Führungslinien (1...4) sollen jetzt um eine Tabelle ergänzt werden. Starten Sie den Befehl ✎ **Tabelle** und erzeugen Sie eine Tabelle mit zwei Spalten (Spaltenbreite: 85 mm) und neun Zeilen (Zeilenhöhe: 1 Zeile).

- ✎ **Tabelle** (1)
- Einstellungen aus der Abbildung (2) übernehmen
- ☐ OK

- Tabelle oberhalb des Zeichnungsschriftfeldes auf Position (3) ablegen
- **Taste: ESC**

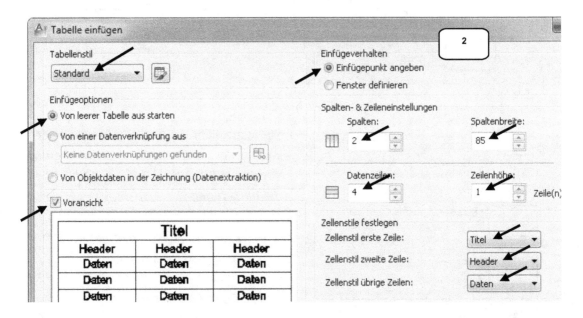

HINWEIS: *Verwenden Sie den Befehl* ✛ **Verschieben** *(Register **Start** > Befehlsgruppe **Einfügen**), um die Tabelle bündig auf dem Schriftfeld der Zeichnung zu platzieren.* !

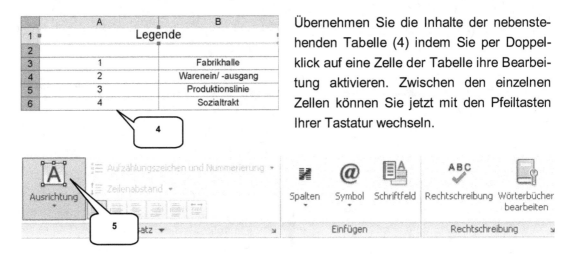

Übernehmen Sie die Inhalte der nebenstehenden Tabelle (4) indem Sie per Doppelklick auf eine Zelle der Tabelle ihre Bearbeitung aktivieren. Zwischen den einzelnen Zellen können Sie jetzt mit den Pfeiltasten Ihrer Tastatur wechseln.

Richten Sie die Position jeder Zelle mit der Ausrichtung **Mitte-Zentrum** (5) aus und beenden Sie die Bearbeitung der Tabelle anschließend mit dem Befehl ✗ **Texteditor schließen**.

5.1.9 Konvertieren der Zeichnung in das Format PDF

Starten Sie den Befehl 🖨 **Plot**. Prüfen Sie noch einmal die korrekten Einstellungen der Seiteneinrichtung. Als Plotter ist der PDF-Drucker **DWG To PDF.pc3** zu verwenden. Dieser wird aus der Zeichnung eine PDF-Datei erzeugen. Prüfen Sie vorab das korrekte Druckbild über die [Vorschau...] **Vorschau** und 🖨 **starten** Sie anschließend den Druckbefehl.

- 🖨 **_Plot_** (1)
- [Vorschau...] Vorschau
- **Taste: ESC**
- [OK]

- Dateiname: [00-00-Gesamt-Blatt1-A0]
- Dateityp: *.pdf
- Speicherort: Projektordner wählen
- [Speichern]

Die PDF-Datei kann danach im Projektordner mit einem PDF-Reader geöffnet werden.

🖫 **Speichern** (2) und schließen Sie die Zeichnung abschließend.

6   Fabrikplanung im 3D-Modellbereich

6.1   Visualisierung der Produktionslinie
6.1.1   Erzeugen einer neuen Zeichnung

Um der Fabrikplanung einen räumlichen Ausdruck zu verleihen soll eine vereinfachte 3D-Visualisierung erstellt werden. Starten Sie den Befehl ☐ **Neu** und wählen Sie aus den vorhandenen Vorlagen die **acadiso.dwt** aus. ☐ **Speichern** Sie die Zeichnung im Projektordner unter der Bezeichnung **00_00_Gesamt-3D**.

- ☐ **Neu** (1)
- Vorlage: acadiso.dwt
- Offnen

- ☐ **Speichern** (2)
- Dateiname: [00_00_Gesamt-3D] (3)
- Dateityp: *.dwg
- **Speichern** (4)

6.1.2   Platzieren der Basiszeichnung

Als Grundlage für die 3D-Planung wird eine bereits vorgefertigte Datei dienen. Wechseln Sie ins Register **Einfügen** (1) und importieren Sie die folgende Zeichnung:

- Register **Einfügen** öffnen (1)
- ☐ **Einfügen** (2)
- Durchsuchen...
- Dateiname:
  [01_00_Produktionslinie_ Maschinen-3D]
- Einstellungen (3) übernehmen
- OK

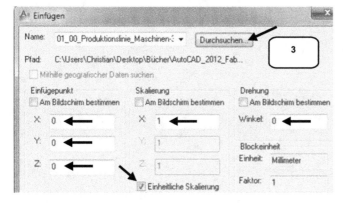

Klicken Sie anschließend auf das kleine 🏠
Haus-Symbol am **ViewCube** (4) um die
Ansicht isometrisch auszurichten.

6.1.3 Der neue Layer: 3D-Maschinen

Wechseln Sie ins Register **Start** und öffnen Sie den 🔲 **Layereigenschaften-Manager**.
Erstellen Sie den neuen Layer **3D-Maschinen** mit folgenden Eigenschaften:

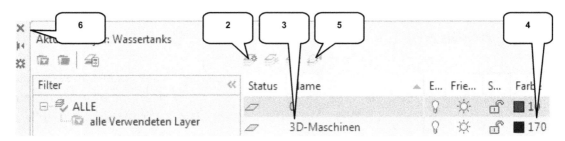

- Register **Start** (1) öffnen
- 🔲 **Layereigenschaften-Manager**
- 🔲 Neuer Layer (2)
- Name: [3D-Maschinen] (3)

- Farbe: [170] (4)
- Layer aktivieren (5)
- Layereigenschaften schließen (6)

6.1.4 Quadratische Objekte

Aktivieren Sie das Register **3D-Werkzeuge**, starten Sie den Befehl 🔲 **Quader** und erheben
Sie die Maschine **Kästen auf Paletten heben** auf Basis der vorhandenen 2D-Objekte. Soll-
te das Register **3D-Werkzeuge** nicht vorhanden sein, muss es aktiviert werden (**rechte
Maustaste** auf Register **Start** > **Registerkarten anzeigen** > **3D-Werkzeuge**).

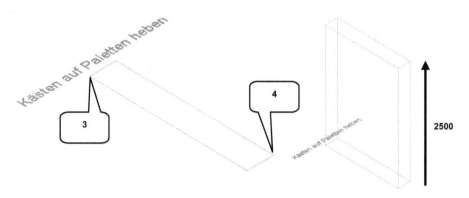

- Register **3D-Werkzeuge** öffnen (1)
- **Quader** (2)
- Startpunkt wählen (3)
- Endpunkt wählen (4)

- Maus etwas nach oben ziehen
- Wert für Höhe eingeben: [2500]
- **Taste: ENTER**

HINWEIS: *Ein freies Drehen der Bildschirmansicht ist bei gedrückter linker Maustaste auf den **ViewCube**, oder bei gedrückter **Taste: SHIFT** und gedrückter **mittlerer Maustaste** möglich.* iederholen Sie den Befehl Quader und erzeugen Sie die folgenden acht Maschinen. Achten Sie auf die Positionsangaben der nachfolgenden Abbildung.

Überführen Sie mit demselben Befehl auch die folgenden Maschinen in den 3D-Bereich und verwenden Sie dafür die angegebenen Höhen.

Maschinenbezeichnung	**Höhenangabe (mm)**
Kästen von Paletten heben (5)	[2500]
Kästen auf Paletten heben (6)	[2500]
Palettenspeicher (7)	[3000]
Flaschen in Kästen heben (8)	[2500]
Flaschen aus Kästen heben (9)	[2500]
Flaschenkontrolle/ Selektion (10)	[2500]
Kastenwaschmaschine (11)	[3000]
Kastenspeicher (12)	[5000]
Flaschenwaschmaschine (13)	[5000]

HINWEIS: *Achten Sie bei der Auswahl der Punkte für das Basisrechteck stets darauf, zwei diagonal gegenüberliegende Punkte des jeweiligen 2D-Objektes zu wählen.*

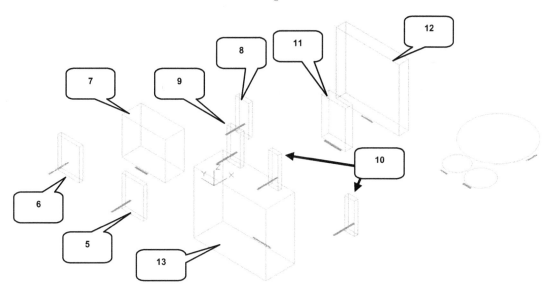

6.1.5 Zylindrische Objekte

Volumenkörper-protokoll | Zylinder | Extrudieren | Rotation | Anheben | Sweep

4

Modellieren ▾

Flaschenfüller (1), **Etikettierer** (2) und **Schließer** (3) sollen durch einen ⬚ **Zylinder** symbolisiert werden. Beginnen Sie mit dem **Flaschenfüller**.

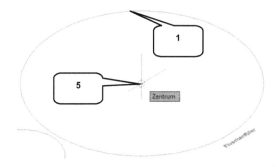

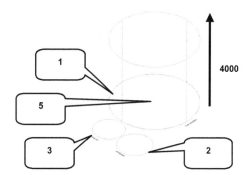

- Befehl ⬚ **Quader** erweitern
- ⬚ **Zylinder** (4)
- Markierten Kreismittelpunkt wählen (5)
- Wert für Radius eingeben: [2500]

- **Taste: ENTER**
- Maus etwas nach oben ziehen
- Wert für Höhe eingeben: [4000]
- **Taste: ENTER**

Für **Etikettierer** (2) und **Schließer** (3) sind die folgenden Radien- und Höhenangaben zu verwenden:

Maschinenbezeichnung	Radienangabe (mm)	Höhenangabe (mm)
• Etikettierer (2)	[1000]	[2500]
• Schließer (3)	[900]	[2500]

HINWEIS: *Im 3D-Modus ist der Mittelpunkt eines Kreises oft schlecht zu erfassen. Wenn Sie mit dem Mauszeiger vorher noch einmal über den Kreis fahren und sich erst danach dem Mittelpunkt des Kreises nähern, sollte das dann besser klappen.* **!**

6.1.6 Kegelförmige Objekte

Der **Flaschenfüller** soll auf der oberen Seite des zylindrischen Grundkörpers um einen Kegel erweitern werden. Verwenden Sie den Befehl △ **Kegel**.

- Befehl ▢ **Zylinder** erweitern
- △ **Kegel** (1)
- Kreismittelpunkt wählen (2)
- Wert für Radius: [2500]

- **Taste: ENTER**
- Maus etwas nach oben ziehen
- Wert für Höhe: [500]
- **Taste: ENTER**

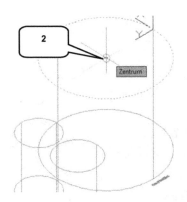

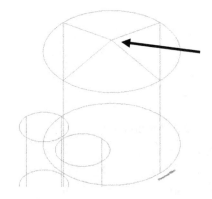

6.1.7 Kugelförmige Objekte

Schließer (5) und **Etikettierer** (4) werden ebenfalls bearbeitet und erhalten auf der Oberseite jeweils eine zusätzliche ◯ **Kugel**.

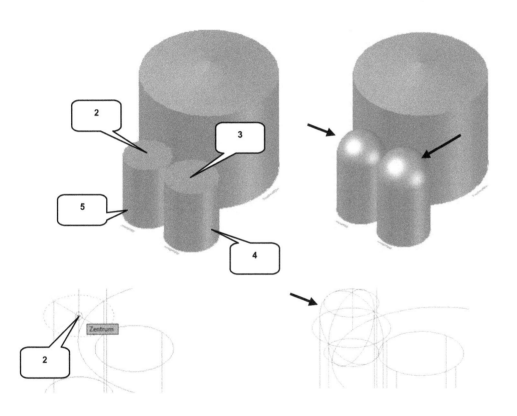

- Befehl △ **Kegel** erweitern
- ◯ **Kugel** (1)
- Kreismittelpunkt (2) der oberen Fläche des Schließers (5) wählen

- Kugelradius: [900]
- **Taste: ENTER**

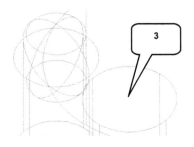 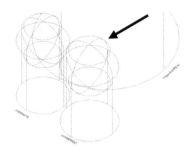

- ○ **_Kugel_** (1)
- Kreismittelpunkt (3) der oberen Fläche des Etikettierers (4) wählen

- Kugelradius: [1000]
- **_Taste: ENTER_**

6.1.8 Bearbeiten vorhandener 3D-Objekte

Einige Kanten des **_Palettenspeichers_** (3) sollen abgerundet werden. Verwenden Sie den Befehl **_Kante Abrunden_**.

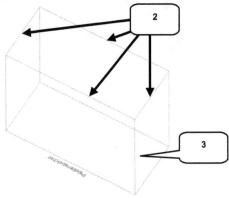 

- ⬙ **_Kante abrunden_** (1)
- Option: [Radius] wählen
- Rundungsradius eingeben: [500]

- **_Taste: ENTER_**
- Markierte Kanten wählen (2)
- **_Taste: ENTER_**

Wiederholen Sie das Abrunden der oberen Kanten bei den folgenden Maschinen:

Maschinenbezeichnung   ## Radienangabe (mm)

- Flaschenwaschmaschine (4)   [500]
- Kastenwaschmaschine (5)   [200]
- Kastenspeicher (6)   [200]

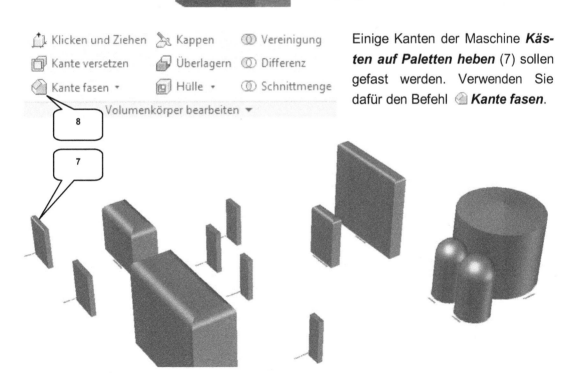

Einige Kanten der Maschine **Käs-ten auf Paletten heben** (7) sollen gefast werden. Verwenden Sie dafür den Befehl **Kante fasen**.

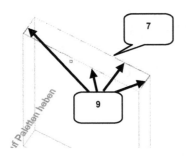

- Befehl 🔲 **Kante abrunden** erweitern
- 🔲 **Kante fasen** (8)
- Option: [Abstand]
- Ausdruck: [50]
- **Taste: ENTER**

- Ausdruck: [50]
- **Taste: ENTER**
- Markierte Kanten wählen (9)
- **Taste: ENTER**

6.1.9 Importieren des Transportsystems und der Fabrikhalle

Öffnen Sie das Register **Einfügen** und importieren Sie die Datei **01_00_Produktionslinie-Transportsystem-3D.dwg** als Block in die Zeichnung. Achten Sie darauf, den Einfügepunkt der Zeichnung auf den Koordinatenursprung zu beziehen (X=0, Y=0, Z=0).

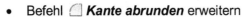

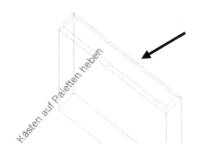

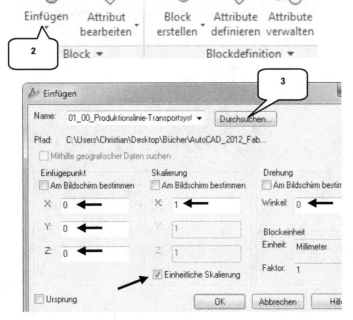

- Reg. **Einfügen** öffnen (1)
- 🔲 **Einfügen** (2)
- Option: [Weitere Optionen]
- Durchsuchen... (3)
- Projektordner wählen
- Dateiname:
  [01_00_Produktionslinie-Transportsystem-3D]
- Werte aus linker Abbildung übernehmen
- OK

Importieren Sie jetzt die Datei *02_00_Fabrikhalle_mit_Außenbereich-3D.dwg*.

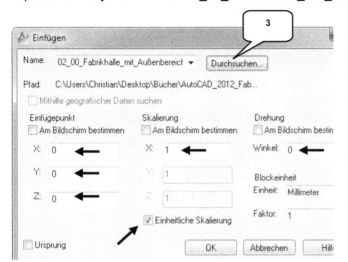

- 🖾 *Einfügen* (2)
- Option: [Weitere Optionen]
- Durchsuchen... (3)
- Dateiname:
  [02_00_Fabrikhalle_mit_
  Außenbereich-3D]
- Werte aus linker Abbildung übernehmen
- OK

6.1.10 Bearbeiten einer Referenz

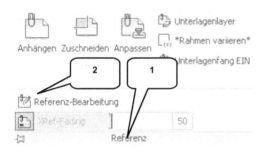

Starten Sie die 🖾 *Referenz-Bearbeitung* der Fabrikhalle.

- Befehlsgruppe *Referenz* erweitern (1)
- 🖾 *Referenz-Bearbeitung* (2)
- Markierte Kante wählen (3)
- Option: [Alle eingebetteten Objekte automatisch wählen]
- OK

6.1.11 Extrudieren geschlossener 2D-Objekte

Öffnen Sie das Register *Start* und aktivieren Sie den Layer *Regale*. Wechseln Sie anschließend in das Register *3D-Werkzeuge*.

- Register **Start** öffnen (1)
- Layer **Regale** aktivieren (2)
- Register **3D-Werkzeuge** öffnen (3)

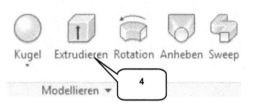

Verwenden Sie den Befehl ⓘ **Extrudieren**, um die markierten (sechs) Rechtecke in einzelne Volumenkörper zu konvertieren.

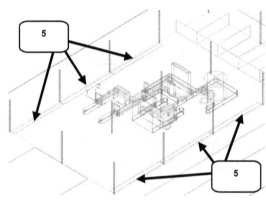

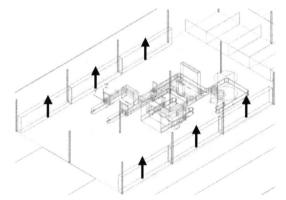

- ⓘ **Extrudieren** (4)
- Sechs Rechtecke wählen (5)
- **Taste: ENTER**

- Maus nach oben ziehen
- Höhe der Extrusion: [4000]
- **Taste: ENTER**

HINWEIS: *Um einen Volumenkörper zu erhalten, muss das zu extrudierende 2D-Objekt geschlossen sein. Ist dies nicht der Fall, wird anstelle des Volumenkörpers ein Flächenelement mit der Masse m=0kg erzeugt.* **!**

6.1.12 Rotieren geschlossener 2D-Objekte

Öffnen Sie das Register **Start** und aktivieren Sie den Layer **Wassertanks**. Wechseln Sie anschließend in das Register **3D-Werkzeuge**.

- Register **Start** öffnen (1)
- Layer **Wassertanks** aktivieren (2)
- Register **3D-Werkzeuge** öffnen (3)

Verwenden Sie den Befehl 🗆 **Rotation**, um die beiden Halbkreise in Volumenkörper zu konvertieren.

- 🗆 **_Rotation_** (4)
- Halbkreis (5) wählen
- Punkt (6) wählen

- Punkt (7) wählen
- Wert für Rotationswinkel eingeben: [360]
- **_Taste: ENTER_**

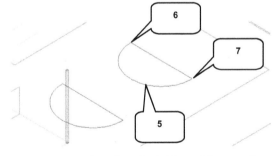

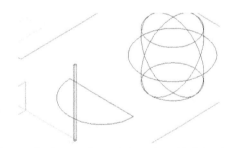

Wiederholen Sie den Befehl und konvertieren Sie auch den nebenstehenden Halbkreis in eine Kugel.

6.1.13 Erstellen von Polykörpern

Öffnen Sie das Register *Start* und aktivieren Sie den Layer *Wände*. Wechseln Sie anschließend in das Register *3D-Werkzeuge*.

- Register *Start* öffnen (1)
- Layer *Wände* aktivieren (2)
- Register *3D-Werkzeuge* öffnen (3)

Verwenden Sie den Befehl *Polykörper*, um die äußere Hallenwand der Fabrik mit einer Breite von 100 mm und einer Höhe von 8000 mm darzustellen.

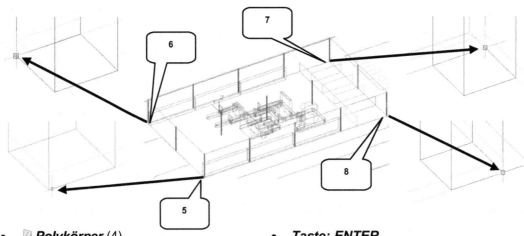

- *Polykörper* (4)
- Option: [Breite]
- Wert für Breite: [100]
- *Taste: ENTER*
- Option: [Ausrichten]
- Wert für Ausrichtung: [Rechts]
- Option: [Höhe]
- Wert für Höhe: [8000]

- *Taste: ENTER*
- Ersten Punkt (5) wählen
- Zweiten Punkt (6) wählen
- Dritten Punkt (7) wählen
- Vierten Punkt (8) wählen
- [S] (Polylinie schließen)
- *Taste: ENTER*

6.1.14 Bearbeiten des Polykörpers

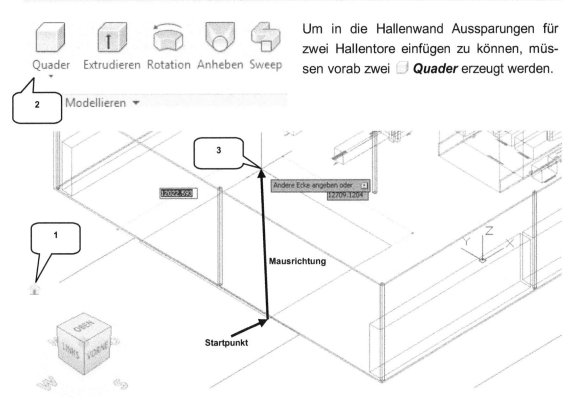

Quader Extrudieren Rotation Anheben Sweep

2 Modellieren ▾

Um in die Hallenwand Aussparungen für zwei Hallentore einfügen zu können, müssen vorab zwei ⬜ **Quader** erzeugt werden.

- **ViewCube: Haus** anklicken (1)
- ⬜ **Quader** (2)
- Startpunkt: [-15300] > **Taste: TAB** > [5800] > **Taste: ENTER**
- Maus in etwa auf Position (3) ziehen (<u>nicht</u> mit linker Maustaste klicken)

- Endpunkt: [500] > **Taste: TAB**
- [3500] > **Taste: ENTER**
- Maus nach oben ziehen
- Höhe: [5000] > **Taste: ENTER**

Start Einfügen Beschriften Parametrisch 3D-Werkzeuge Ansicht

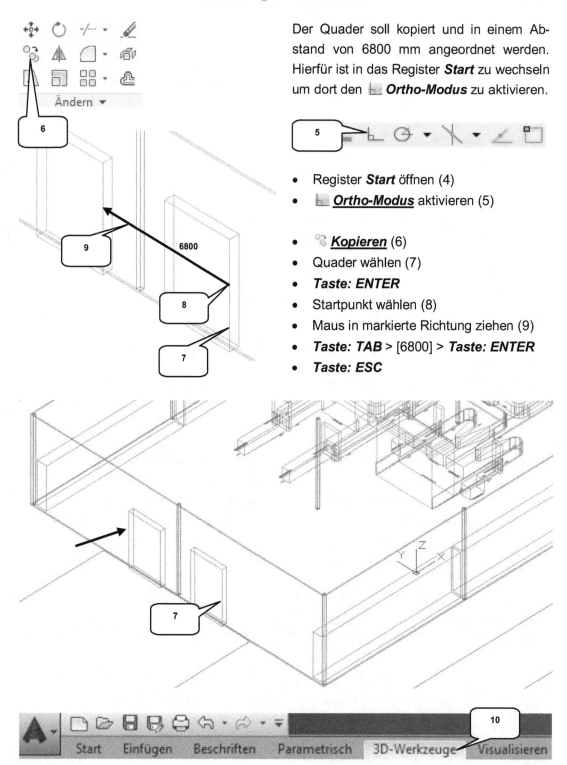

Der Quader soll kopiert und in einem Abstand von 6800 mm angeordnet werden. Hierfür ist in das Register **Start** zu wechseln um dort den ⌐ **Ortho-Modus** zu aktivieren.

- Register **Start** öffnen (4)
- ⌐ **Ortho-Modus** aktivieren (5)

- ⬡ **Kopieren** (6)
- Quader wählen (7)
- **Taste: ENTER**
- Startpunkt wählen (8)
- Maus in markierte Richtung ziehen (9)
- **Taste: TAB** > [6800] > **Taste: ENTER**
- **Taste: ESC**

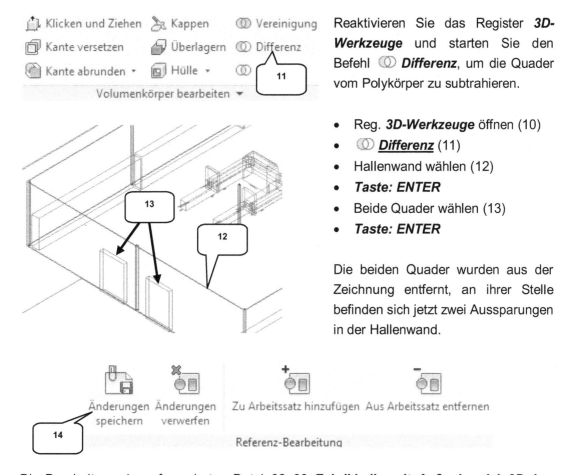

Reaktivieren Sie das Register **3D-Werkzeuge** und starten Sie den Befehl ⊘ **Differenz**, um die Quader vom Polykörper zu subtrahieren.

- Reg. **3D-Werkzeuge** öffnen (10)
- ⊘ **_Differenz_** (11)
- Hallenwand wählen (12)
- **_Taste: ENTER_**
- Beide Quader wählen (13)
- **_Taste: ENTER_**

Die beiden Quader wurden aus der Zeichnung entfernt, an ihrer Stelle befinden sich jetzt zwei Aussparungen in der Hallenwand.

Die Bearbeitung der referenzierten Datei **_02_00_Fabrikhalle_mit_Außenbereich-3D.dwg_** ist damit fertiggestellt und kann jetzt beendet werden.

- ⫶ **_Änderungen speichern_** (14)
- OK

6.1.15 Importieren des Fuhrparks

Der gesamte Fuhrpark (LKW, Gabelstapler) kann komplett als Block in die vorhandene Zeichnung importiert werden.

Wechseln Sie ins Register **_Einfügen_** und importieren Sie danach die Datei **_03_00_Fuhrpark.dwg_**. Auch diesmal sollte sich wieder auf den Koordinatenursprungspunkt (X=0, Y=0, Z=0) bezogen werden.

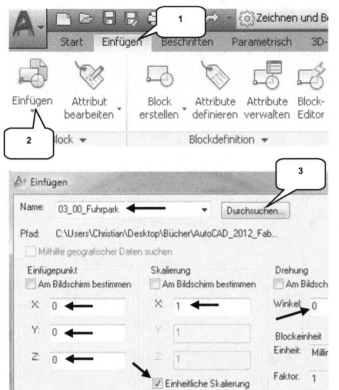

Als Grundlage für die 3D-Planung soll eine bereits vorgefertigte Zeichnung dienen. Wechseln Sie ins Register **Einfügen** (1) und importieren Sie die folgende Zeichnung:

- Register **Einfügen** öffnen (1)
- ⬚ **_Einfügen_** (2)
- Durchsuchen... (3)
- Dateiname: [03_00_Fuhrpark]
- Werte aus linker Abbildung übernehmen
- OK

6.1.16 Rendern eines Bildes

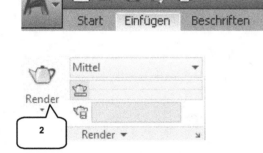

Wechseln Sie in das Register **Visualisieren** und starten Sie den Befehl ⬚ **Rendern**.

- Register **Visualisieren** öffnen (1)
- ⬚ **_Rendern_** (2)
- **Datei** (3) > **Speichern** (4)
- Dateiname: [Bild_1]
- Dateityp: *.jpg
- Speichern

Sollte das Register **Visualisieren** nicht vorhanden sein, muss es aktiviert werden (**rechte Maustaste** auf Register **Start** > **Registerkarten anzeigen** > **Visualisieren**).

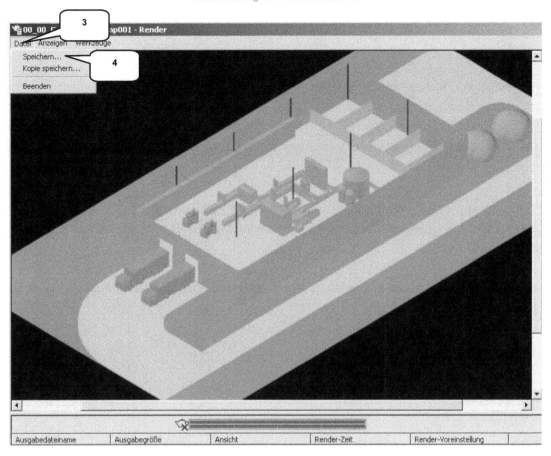

Speichern und schließen Sie die Datei abschließend.

7 SCHLUSSWORT

Der Autor des Buches hofft, dass Sie bei der Arbeit mit dem Programm und dem Übungs-projekt viel Spaß hatten.

Der Inhalt des Buches wurde sorgfältig geprüft. Leider können Fehler nicht ausgeschlossen werden.

Wenn Ihnen während der Arbeit mit dem Buch Fehler auffallen sollten, oder wenn Sie Ideen zur Verbesserung des Inhaltes haben, ist Ihnen der Autor für jeden Hinweis per E-Mail dankbar.

Konstruktive Anmerkungen können jederzeit an **schlieder@cad-trainings.de** gesendet werden.

Vielen Dank.

INDEX

A - D

www.ingramcontent.com/pod-product-compliance
Lightning Source LLC
LaVergne TN
LVHW080100070326
832902LV00014B/2342